教育部人文社会科学研究基金项目(19YJC7101

结构与实践

——普兰查斯政治哲学研究

张　超　著

山东大学出版社
SHANDONG UNIVERSITY PRESS
·济南·

图书在版编目(CIP)数据

结构与实践:普兰查斯政治哲学研究/张超著.—
济南:山东大学出版社,2021.6
ISBN 978-7-5607-6937-0

Ⅰ.①结… Ⅱ.①张… Ⅲ.①西方马克思主义—国家
理论—研究 Ⅳ.①D03

中国版本图书馆 CIP 数据核字(2021)第 132723 号

责任编辑 谭学秋
封面设计 牛 钧

出版发行 山东大学出版社
社 址 山东省济南市山大南路 20 号
邮政编码 250100
发行热线 (0531)88363008
经 销 新华书店
印 刷 济南华林彩印有限公司
规 格 720 毫米×1000 毫米 1/16
13.5 印张 235 千字
版 次 2021 年 6 月第 1 版
印 次 2021 年 6 月第 1 次印刷
定 价 48.00 元

目　录

导　论

一、普兰查斯政治哲学的当代影响与研究意义

尼克斯·普兰查斯(Nicos Poulantzas,1936～1979,又译“波朗查斯”“普拉查斯”等)是战后西方学界极具影响力的马克思主义理论家。他的一生虽然短暂,却留下了诸多宝贵的学术遗产与思想理论。著述了《政治权力与社会阶级》(1968)、《法西斯主义和独裁》(1970)、《当代资本主义中的阶级》(1974)、《独裁的危机》(1976)、《国家、权力和社会主义》(1978)等在政治哲学理论中具有重要学术地位的作品。同时,他在经典马克思主义理论基础上提出了国家理论、权力理论、小资产阶级理论、霸权理论等创新性思想,极大地影响了西方战后60～70年代学术领域特别是左翼学界的兴起。

(一)普兰查斯生平

尼克斯·普兰查斯于1936年出生在希腊雅典,1953年免试进入雅典大学法学院进修法律专业,法学训练在其学术领域中始终保持着重要作用,然而他的旨趣并不在法律实务而是更多放在哲学研究。20世纪50年代,马克思主义在西方学界处于剧烈变化中,特别是赫鲁晓夫在苏共二十大的报告主张去除马克思主义中的“斯大林化”,然而

当时希腊共产党依然坚持斯大林主义，这也最终导致希腊共产党于1968年分裂。当时的独裁与专制环境使得哲学研究以及马克思主义的传播受到了极大的阻碍，后来在同斯图尔特·霍尔以及阿兰·胡特的对话中，普兰查斯曾回忆说，早年获得马克思和恩格斯的经典文本并不容易，他接受马克思主义的渠道主要是通过法国哲学特别是萨特的影响。

此后普兰查斯在巴黎第一大学获得助教职位，并于1964年完成博士论文《法和事物的本质：关于事实和价值的辩证法》，主要论证法学的价值论基础，并在方法上力图综合现象学、存在主义和马克思主义，这篇论文的出版为他在法国赢得了学术声誉。之后普兰查斯阅读了葛兰西的著作，并加入了法国《现代杂志》编委会，与当时的知识分子萨特、梅洛·庞蒂、波伏娃交往密切，并得到了阿尔都塞的推荐，与朗西埃等人成为著名团体“青年马克思主义者”中的核心成员。1968年，专著《政治权力与社会阶级》出版，这使普兰查斯声名鹊起，特别是赢得了法国左翼学界的赞誉。1969年，普兰查斯评论米利班德（Ralph Miliband，又译“密利本德”“密里本德”等）的《资本主义社会的国家》，引发了著名的“普兰查斯—米利班德之争”，这场关于国家理论的辩争也使普兰查斯在英国产生了广泛影响。五月事件发生后，普兰查斯受邀到巴黎第八大学任职，同时授课于法国社会科学高级研究院。在这一时期他针对福柯等后结构主义者对马克思主义的批判予以有力的理论回击。尽管左派内部不同的意识形态斗争激烈，但普兰查斯认为可以实现左派统一。他努力建立法国左派联盟“Mélusine”，为左派内部提供知识分子讨论的平台，于1976年主编了马克思主义系列文本，出版了法国左派知识分子集体著作《国家的危机》。从希腊到法国，普兰查斯一路走来，他从向往马克思主义到发展马克思主义，然而在70年代后期，他因为陷入严重的悲观情绪而无法自拔，左派联盟的失败诱发其抑郁症，最终于1979年10月3日结束自己的生命，不禁令人惋惜。

(二)作为“非典型”西方马克思主义者的普兰查斯

当代马克思主义史学家佩里·安德森认为，西方马克思主义在总体上具有典型性特征，即它是在一战之后欧洲发达国家和地区无产阶级革命失败后所产生的，是理论与政治实践相脱离的产物。这种脱离与政治环境和社会背景相关，也表现出作为西方马克思主义者的多数知识分子们大多规避历史唯物主义中的经典与核心问题，即不再仔细研究资本主义生产方式的经济运动规律、资产阶级国家的政治机器以及推翻这种国家机器所必需的阶级斗争策略。实际上，哲学不可能脱离政治，“哲学总是具有自己独特的政治背景，总是以自己独特的方式蕴含着政治，总是具有这样或那样的政治效应”[①]。哲学和时代的统一性首先是通过其政治效应来实现的，马克思主义哲学更是如此。

随着存在主义马克思主义、弗洛伊德马克思主义、法兰克福学派等研究的兴起，我们在西方马克思主义的著作中看到他们批判的焦点集中于意识形态、文化构建和美学等上层建筑领域，他们从马克思的早期文本中挖掘马克思的哲学，试图还原一个作为哲学家的马克思。也就是说，西方马克思主义虽然一方面带来了研究路径的转向，它创新了经典马克思主义研究主题，然而却在另一方面不再重视关于经济和政治理论的重要问题。这种研究转向的趋势却让马克思主义在经济和政治理论方面的发展迟缓不前，甚至导致了“在第二次世界大战结束以后的二十多年里，西方马克思主义在有创见地论述经济理论或政治理论方面、在创作这两个领域的重要著作方面所表现的学术成果，实际上是一片空白”[②]。

与西方马克思主义者的这种典型性相比，普兰查斯显然是与众不

① 杨耕：《重新理解哲学的显著特点和马克思主义哲学的本质特征》，载《学术研究》2015 年第 1 期。

② [英]佩里·安德森：《西方马克思主义探讨》，高铦译，人民出版社 1981 年版，第 62 页。

同的。他的理论恰恰是以传统马克思主义理论最为经典与核心的问题为研究主题而展开的。“普兰查斯几乎阅读了20世纪产生的所有东西。”①这是乔治·里希特海姆对普兰查斯的评价，当然这不仅说明了普兰查斯阅读的广度与深度。如前所述，普兰查斯早期虽然从萨特那里接触并接受了马克思主义理论，但是存在主义哲学并没有让他成为一个人本主义的马克思主义者。相反的是，他转向了阿尔都塞的科学主义的马克思主义并从他那里学到了结构主义的方法。之后，普兰查斯又通读了葛兰西的著作，从葛兰西哲学中的霸权概念中着手分析国家、权力等政治理论的问题，并由此转向了对国家特别是资本主义国家理论、权力关系以及阶级形势与阶级斗争策略的分析和思考。

当然，这种理论重心的不断调整是与普兰查斯个人经历和时代背景密不可分的。无论是当时法国爆发的五月风暴，还是希腊、西班牙和葡萄牙的政治形势的突变，以及战后欧洲资本主义国家呈现出的新特点，都使得普兰查斯深刻意识到，自己的理论也需要符合形势和现实的发展。特别是法国五月风暴带来的激进形势，让理论与实践的结合成为迫切的需要。正如佩里·安德森所言，那些在五月风暴后依然活着的马克思主义理论家，并不能对新局面和形势作出有效反应，也不能对其理论产生明显的发展。20世纪60年代以后，正是普兰查斯的理论把欧洲知识分子的目光从仅仅对哲学研究的关注，又重新拉回到与实践相联系的政治学研究上来。在这种传统影响下成长的青年一代中，已经有越出他们前辈的哲学界限而转向更多地关心经济和政治理论的趋向。可以看到，在这种影响下，普兰查斯的理论既是独特的，也是引人关注的。

鲍勃·杰索普曾在《尼克斯·普兰查斯：马克思主义理论与政治策略》一书中将普兰查斯定义为一个“非典型”的西方马克思主义者：“普兰查斯是一个非典型的西方马克思主义者，以他的著述为参照，可

① George Lichtheim, *From Marx to Hegel*, Seabury Press, 1974, p.150.

以洞悉西方马克思主义理论的优点和缺点。”[①]这意味着，从一个角度上说，普兰查斯的理论依旧是按照西方马克思主义的路线，这与第二国际或者第三国际是不同的；从另一角度来看，他又与西方马克思主义理论有着显著区别，他并没有像多数西方马克思主义者那样投身于文化和艺术领域的批判，而是把焦点集中于经典马克思主义关注的政治和经济这些核心问题。所以从这个意义上说，普兰查斯是一个西方马克思主义者，却又是一个“非典型”的西方马克思主义者。

（三）普兰查斯的理论是继承了马克思主义还是开启了后马克思主义

在普兰查斯看来，马克思、恩格斯和列宁等经典作家并没有从理论系统化的角度探讨政治哲学方面的问题，这主要是因为他们忙于直接从事政治实践活动，而没有机会谈论一些严格意义上的政治理论，比如关于权力的系统理论。法国学者克·德拉康帕涅就曾说过：“许多马克思的继承者也都意识到这几乎是一个空白点，连列宁的《国家与革命》也不能真正帮助我们理解本世纪（指20世纪——引者注）后半期的技术官僚国家。普兰查斯的著作开始填补的正是这个空白。”[②]而普兰查斯正是要解决这个困扰马克思主义者的基本问题，他的理论始终围绕着资本主义国家的经济关系和阶级关系，并延续着葛兰西认为的“恰当地提出和解决经济基础和上层建筑之间的关系这个难题”[③]。也就是说，普兰查斯一直以生产方式作为社会结构的核心要素，并且强调了国家与阶级以及权力之间错综复杂的关系，以突出无产阶级在社会主义革命策略中发挥的领导作用。从这个意义上说，普兰查斯的理论是对马克思主义理论的发展和延伸。

---

① Bob Jessop, *Nicos Poulantzas: Marxist Theory and Political Strategy*, London: Macmillan, 1985, p.5.

② ［法］克·德拉康帕涅：《略论尼克斯·普兰查斯》，载《国外社会科学动态》1980年第2期（原载于1979年10月5日法国《世界报》）。

③ ［意］葛兰西：《现代君主论》，陈越译，上海人民出版社2006年版，第5页。

一方面，我们看到，无论是在普兰查斯的国家理论、阶级理论还是权力理论中，他在阐述里均大量地引用了马克思、恩格斯以及列宁的著作。他的国家相对自主性理论源自马克思和恩格斯关于国家相对独立性的思想，他的权力思想总体属于宏观权力的范畴，分析探讨也始终是以生产方式和阶级斗争为基础。也就是说，普兰查斯讨论的主题仍旧在马克思主义的基本框架中。

另一方面，普兰查斯运用了西方马克思主义者的方法来研究马克思主义理论中的政治哲学问题。他从阿尔都塞的意识形态国家机器和资本主义生产关系再生产的方式中分析经济基础和上层建筑，同样也接受了多元决定论的哲学方法。阿尔都塞认为"革命的理论最终无法领导革命的实践"，其原因在于没有深入到革命理论和无产阶级的具体形势，当普兰查斯意识到这一点时，他决定对被忽略的资本主义国家、阶级与政党以及权力关系展开分析。而此时，葛兰西的理论为他带来了新的研究方向。葛兰西的实践哲学充分发挥了列宁主义具体问题具体分析的传统，特别是他的霸权理论为普兰查斯研究政治与意识形态提供了研究方向。霸权理论不仅让普兰查斯在分析资本主义统治问题时变得更加透彻，也促使他逐渐形成了无产阶级的阶级斗争策略。这些都体现了普兰查斯对经典马克思主义的一种解读，尽管这种解读有些是借用西方马克思主义的方法所采取的修正，但不能否认这是对马克思主义理论的一种新的诠释。

同时，普兰查斯的理论又对西方马克思主义转向后马克思主义起着重要的作用。在加拿大马克思主义学者艾伦·伍德看来，普兰查斯是后马克思主义的先驱，"普兰查斯在他的国家理论中建立起政治的支配性；在他的阶级理论中把剥削移置出去，把意识形态提升为一种主要的决定性因素，他预言了所有新的'真正的'社会主义的全部主题"①。的确，普兰查斯所提出的一些理论，诸如关于国家相对自主性、

① [加]艾伦·伍德：《新社会主义》，尚庆飞译，江苏人民出版社 2008 年版，第 45 页。

新小资产阶级、权力等理论，为西方马克思主义向政治学转向提供了思想资源。拉克劳就认为自己的激进民主政治是从普兰查斯的阶级理论及意识形态思想中生发的，他同样运用了普兰查斯的“链接”(articulation)方法来分析政治理论。此外，鲍勃·杰索普也承认自己的“策略关系”国家理论起源于普兰查斯的国家本质上是一种社会关系的分析。

那么，如何看待普兰查斯的理论所起的作用？他的思想究竟是对马克思主义的继承和延续还是如伍德所说的作为后马克思主义的先驱？通过上述的分析，我们得知普兰查斯在当代西方马克思主义发展中起着承前启后的作用。他既没有跳出经典马克思主义理论探讨的核心问题，又运用了西方马克思主义的方法对这些问题加以新的阐释。他创造性地吸收了阿尔都塞和葛兰西的哲学方法和政治分析策略，又力图用改造后的政治哲学理论来分析和回应当时欧洲的资本主义国家和无产阶级斗争的政治形势，这些都是对马克思主义理论的发展和延续。同时，他提出的诸如国家相对自主性理论和权力思想以及阶级新形势的分析引起了后来西方马克思主义者对政治和战略的关注，“普兰查斯承认政治的空间是可变的并且它潜存着能量可能发挥更大的作用，但这并没有以牺牲经典马克思主义的基本问题为代价”①，而这正是普兰查斯留给后马克思主义者的思想资源。

（四）普兰查斯政治哲学的研究意义

作为人类社会中普遍而重要的社会现象，“权力”概念自古以来就引起思想家们的关注。权力既可以被认为是个人与群体乃至更广泛的社会结构所拥有的一种属性，又可以被看作个人或群体参与者之间的一种关系，尤其是在社会及政治哲学的领域里，“权力”愈发成为更具有广泛和普遍意义的概念。柏拉图的《理想国》里通过苏格拉底与

① James Martin, *The Poulantzas Reader: Marxism, Law and the State*, London & New York: Verso, 2008, p.2.

塞拉西马霍斯(Thrasymachus)关于正义言辞的辩驳,我们了解到权力是政治博弈中的主动地位;马基雅维利在《君主论》中将“权力”界定为君王所具有的能力和力量,将其作为实力的象征;到了近代的霍布斯那里,权力成为个人“获取任何未来明显利益的当前手段”①;尼采则把他的“权力意志”等同于类似生命力或者保存和增强有机体活力的冲动,这也影响了福柯及后结构主义者的权力观;“一个人或若干人在社会行为中实现自己意志的机会,甚至不顾参与该行为的其他人的反抗”②,这是马克斯·韦伯的界定,这种“不顾”意味着在权力关系中本身具有抵抗和冲突;吉登斯则把权力视为一种“转变能力”,认为权力是同人类行动“逻辑地联结在一起的”③。人们对权力的研究渗透到了各个领域,并从政治、历史、哲学、社会、伦理等不同的角度对权力进行着不同的定义。权力关系的无所不在性正如科林伍德所说的那样,“命令与服从并不见之于一切社会,但见之于共同任务的性质需要它们的一切地方。试看两人抬一台钢琴,在某一时刻一个人说‘抬起来’,另一个人就抬起来”④。也就是说,当人们为实现共同目标而进行集体协作活动的时候,权力关系就产生了。

策略关系国家理论代表人物鲍勃·杰索普把普兰查斯看作是战后近乎唯一思考马克思主义重大政治理论的马克思主义理论家,普兰查斯的研究包含了资本主义国家的结构及国家权力的运行。在杰索普看来,普兰查斯的思想主要分为前期和后期两个重要阶段。他的前

---

① [英]霍布斯:《利维坦》,黎思复、黎廷弼译,商务印书馆 1985 年版,第 62 页。

② [美]丹尼斯·朗:《权力论》,陆震纶、郑明哲译,中国社会科学出版社 2001 年版,第 6 页。

③ [英]安东尼·吉登斯:《社会的构成》,李康、李猛译,三联书店 1998 年版,第 77 页。

④ R. G. Collingwood, *The New Leviathan*, Oxford: The Clarendon Press, 1942, pp.153-154.

期思想主要建立一种基于国家理论的“部门理论”[①]。值得一提的是，他的前期思想并没有过多地考虑经济和意识形态的要素，甚至对社会实践领域中的政治问题缺乏及时有效的回应，而普兰查斯后来则转变了这一想法，尤其注重权力的分析以及阶级实践的结合，指出把国家作为权力关系的物质性凝缩，也将其作为阶级斗争和阶级实践的战略场所。也就是说，普兰查斯把权力关系置于国家和阶级的整体结构中，这也就拓展了对权力问题的考察范围，“部门理论”发展成为“关系理论”。同时，在分析国家理论和阶级理论的过程中，普兰查斯还发展了关于权力的关键概念，比如国家权力的统一性和相对自主性、霸权理论等。

1.理论意义

马克思和恩格斯虽然并没有系统地提出权力的理论，但是通过对国家、市民社会和阶级的分析探讨了政治权力，并通过对资本主义生产方式、经济基础与上层建筑关系的研究阐释了经济权力，是在批判和分析19世纪资本主义社会的现实中得出的结果和判断，也是在特定的时代背景下运用科学的研究方法获得的经验和总结。进入20世纪以后，马克思主义理论在欧洲西方资本主义国家得到了进一步的传播和发展，西方马克思主义者面对资本主义带来的变革，通过对现代资本主义的文化批判和社会批判，特别是战后通过观察资本主义国家新变化和革命形势，他们也对传统马克思主义理论中的国家观、权力观产生了新的认识和理解，出现了由文化与社会批判到政治批判的转向。也就是说，从经典马克思主义到西方马克思主义以至后马克思主义，这中间的过程并非简单的对立，而是体现了批判、继承与发展的延

① “部门理论”(Regional Theory)出现于普兰查斯1968年著作《政治权力与社会阶级》中，普兰查斯着力于研究资本主义生产方式的国家的上层建筑，认为把政治方面的因素从生产方式中分离出来，作为部门理论的研究课题。部门理论与历史唯物主义的一般理论相对应，后者旨在以经济、政治和意识形态各个环节之间关系的统一形式解释“生产方式”“社会形态”“统治结构”等抽象概念。这也体现了普兰查斯前期理论中重共时、轻历时的特点。

续关系。普兰查斯的政治哲学一方面指明了经典马克思主义理论在战后遇到的新的理论难题,同时又通过借鉴西方马克思主义者的思路和方法,避免了第二国际理论的不足。通过对马克思主义的经典著作重新阐释以及依据马克思主义的基本原理对资本主义国家重新理解,并结合新的历史形势丰富和发展了马克思主义的权力思想,扩展了权力理论的思考空间,加深了我们对权力理论的理解。

首先,权力在普兰查斯的政治哲学中占有重要的地位,是连接国家理论、阶级理论、意识形态理论以及民族和社会主义策略理论的重要环节。无论是在其前期构建"部门理论"的著作《政治权力与社会阶级》《当代资本主义中的阶级》,还是论述极权的《法西斯主义和独裁》《独裁的危机》以及后期的"关系理论"代表作《国家、权力和社会主义》,可以说权力在其理论体系中始终作为核心概念贯穿整个政治哲学。

其次,权力概念是政治哲学史上历来关注和讨论的热点。无论是古希腊亚里士多德的《政治学》,还是马基雅维利的《君主论》,思想家们无不围绕权力这个核心问题展开对国家、社会、法律的政治讨论。到了近代,霍布斯等哲学家更是将权力结合近代的历史条件和背景进一步发展,将其置于民主制度的理论中,并对近代西方的治国理念及政治体制产生了重要影响。人类在历经工业革命特别是两次世界大战之后,对权力问题的思考逐渐深刻,权力与专制独裁、权力与民族及世界化等问题日益凸显,经典马克思主义的权力理论在现当代面临着新的境遇,人们迫切需要将权力置于新的历史条件下进行分析研究。

最后,普兰查斯的政治哲学的独特性值得深入研究。西方马克思主义者在一战后由于政治革命的失败在理论上出现了文化与意识批判的转向,主张回到马克思早期的文本著作以及从哲学上挖掘理论资源,造成了对经典马克思主义中的经济与政治问题避而不谈的现象。然而在20世纪60年代以后,这种文化批判逐步转向为政治批判,出现了后马克思主义对政治的关注,这是有其深刻的历史原因及理论逻辑的。国内学者俞吾金教授曾将普兰查斯的权力学概括为结构主义国家权力学[①]，从语义上分析，普兰查斯的政治哲学具备了结构主义的方法论特征，经典马克思主义理论把权力问题作为政治权力纳入国家的范畴中，而国家与阶级之间的关系又形成了经济决定论的一元思维方式，即占统治地位的阶级以及生产方式的性质决定了权力属性。由于战后经济的迅速发展，传统的国家与阶级结构相应发生变化，比如政府公务员、企业白领以及小商品生产者和管理者大量产生，传统的工人阶级已无法如之前那样明确界定，随之而来的是新兴小资产阶级的崛起，阶级的多元化也造成了权力关系发生改变。普兰查斯正是看到了这一点，他寻求阿尔都塞式的多元决定论作为政治哲学分析的切入点对权力与国家进行宏观分析，这与后来福柯的微观权力深入考察社会边缘和阶层细节形成了对比。所以，普兰查斯政治哲学的独特性就在于，他既继承和发展了经典马克思主义的权力理论，又与微观权力形成了对比和承接，这为权力理论的发展提供了思想资源的同时，也有助于我们更加完整、准确地理解马克思主义的权力理论。

2.现实意义

一方面，当今中国经济迅速崛起，国家也正处于重要的转型期，西方国家特别是欧美资本主义国家 20 世纪 60～80 年代经济的复苏和发展与我国现今发展阶段有许多相似之处。面对新的历史境遇，与经济发展相适应的上层建筑建设成为迫切之需，我们可以从哲学与政治理论家的思想中获得经验和启示，以史为鉴可以更好地为社会主义现代化建设特别是理论与制度建设提供新的资源和新的视角。正如马克思所言，“理论在一个国家的实现程度，总是取决于理论满足这个国家的需要的程度”[②]。这需要我们对新的历史条件下上层建筑中的国家问题、权力问题的认识，批判地继承前人的思考成果。

---

① 参见俞吾金：《普兰查斯政治哲学观念片论》，载《中共宁波市委党校学报》2002 年第 5 期。

② 《马克思恩格斯选集》第 1 卷，人民出版社 2012 年版，第 11 页。

转型时期国内出现的新现象和新问题需要我们不断思考国家与权力理论，国家作为权力关系的物质缩影及阶级实践的重要场域，如何有利于社会的发展，如何正确运用权力有效地调节社会阶级之间的关系，从而缓和与化解内部矛盾，让权力更好地服务于公共利益，是摆在当前的重要课题。普兰查斯的政治哲学恰恰就为我们提供了这样一种独特的方法，他既看到了经典理论中一元思维的局限性在现代化进程中所面临的新挑战，同时也并没有像福柯那样将权力与国家这样一种连带主体彻底消解分散，而是以一个多元化的视角去看待上层建筑领域的重要作用，将政治的复杂性和多元性重新纳入人们的视野应对多变的格局，这既是对马克思传统理论的继承，也是结合历史语境将其发展，而这正是我们所要借鉴和学习的地方。

另一方面，世界经济一体化以及互联网科技带来的沟通变革已是有目共睹，虽然和平与发展依旧是当今时代的两大主题，然而我们也面临着新的挑战，恐怖主义的威胁、民族国家之间的矛盾、核能源开发及杀伤性武器扩散、区域性军事冲突这一系列的矛盾冲突背后无不影射着国家与民族、权力关系与阶级斗争等核心问题。全球化趋势下如何重新认识国家、民族和疆界等问题，资本的全球流动是不是会消除传统的“疆界”，我们都可以通过普兰查斯的理论得到更深刻的认识。正如普兰查斯后期思想中所阐述的那样，全球化背景下疆界并不会消失，因为它反对的不是流动而是传统的同质化空间。同样，资本的流动也并没有超越国家和边界，而在研究当代资本主义理论时我们依然要介入国家理论分析政治权力与阶级关系。“普兰查斯或许并没有留给我们一把万能钥匙，然而留下一扇并没有上锁的门。”①的确，通过他的政治哲学我们或许并不一定能找到解决当下全球化时代资本主义国家问题的方法，然而却可以让我们以一个不同的视角扩展思考空间，从而透过这扇“门”去探索当下乃至未来政治哲学分析的新路径。

---

① Paul Thomas，“Bringing Poulantzas Back in”，*Paradigm Lost*，Minneapolis：University of Minnesota Press，2008，p.83.

二、研究现状综述与创新点

(一)国外研究状况

《尼科斯·普兰查斯——马克思主义理论与政治策略》(*Nicos Poulantzas: Marxist Theory and Political Strategy*)是由国家策略理论学者鲍勃·杰索普著述的,这本书也是目前研究普兰查斯思想最为全面而具有影响力的著作。在这部研究专著里,杰索普对普兰查斯的全部著作理论进行了阐释,对普兰查斯的国家理论、阶级理论进行了评介,也对普兰查斯学术经历作出了较为全面的概括和总结。从其最初致力于法哲学研究,试图通过综合存在主义、现象学和马克思主义方法来重新诠释和理解法,以克服法学研究中事实和价值的二元对立,从而为政治实践提供一个价值论基础,到存在主义向结构主义的哲学转变,从对哲学和法学的关注转向对国家政治社会学的关注,均作出了相应的分析。在杰索普看来,普兰查斯之所以能够打破法哲学研究中事实与价值的区隔,为法学研究提供一个价值论基础,源于他利用马克思主义来为存在主义的人类学提供一个社会维度,同时利用法律与社会学为他的法律本体论提供更详细的解释。

尽管国外学者并没有对普兰查斯的权力概念进行专门的论证和研究,但是却从对比分析中揭示了普兰查斯的权力内涵。比如杰索普的《普兰查斯与福柯笔下的权力与战略》(载于[英]莱姆克等:《马克思与福柯》,陈元等译,华东师范大学出版社2007年版)详细论述了普兰查斯对福柯权力学的八方面的批判,并在一定程度上反映了二者思想的一致性。第一,普兰查斯指责福柯从国家行使权力的对象,即社会团体的个体化角度来推断现代国家的形式。在普兰查斯看来,资本主义生产关系以及阶级斗争才是国家的基础所在,而福柯并没有看到这一点。第二,针对权力问题的一些福柯没有提及的地方普兰查斯予以了揭示,比如认为阶级权力是由不同阶级在社会劳动分工中所站的相反的立场决定的。第三,尽管这种批判适用于《规训与惩罚》中关于权力最初的一些理论,但并不适用于福柯后来的分析。第四,在专门强调法律的镇压和禁止方面的同时,也介绍了惩罚权力的积极和有益的方面,这导致福柯既夸大了现代国家内部惩罚方法的一般意义,也夸大了这些方法作为正面和积极力量的特殊作用。第五,普兰查斯曾经和福柯展开过辩论,目的是让人们不要高估权力与知识间联系的意义。第六,普兰查斯批评福柯的分析总体上是描述性的,甚至是功能性的。第七,普兰查斯指责福柯忽视了国家的时间和空间的因素。第八,普兰查斯批评了福柯对政治策略的研究方法。[①] 针对二者的一致性,杰索普指出,福柯和普兰查斯都强调隐蔽在社会关系中的一致性,这种一致性是权力的某种既定形式的优先造成的。两个理论之间的另一个相似之处在于权力和抵抗的问题。在最后,他还总结了福柯对普兰查斯的学术影响,指出他们并不像一般人那样引用一个外在于特殊社会关系的解释原则来谈论权力,而是把权力视为一种关系现象,这一现象本身就是需要解释的对象,他们各自以自己的方式吸引人们关注权力关系的策略本质,并关注在稳定的个体场所中不同权力场、权力范式和权力关系的协调所起的重要作用。可以说,这给普兰查斯宏观权力理论与福柯的微观权力理论之间的对比研究提供了一个独创性的视角。

加拿大约克大学政治学教授艾伦·伍德在《新社会主义》的第三章里专门讨论了作为"新社会主义"(A New True Socialism)的先驱者的普兰查斯。正如在该书中所描述的那样,在阿尔都塞之后的理论影响中,普兰查斯无疑是重要而独特的,因为他能够准确地运用这种哲学理论来分析当代社会主义的政治实践,对马克思主义者所忽略的问

① 参见杰索普:《普兰查斯与福柯笔下的权力与战略》,载[英]莱姆克等:《马克思与福柯》,陈元等译,华东师范大学出版社 2007 年版,第 87~92 页。

题进行了有效的分析和补充。① 伍德也提到，普兰查斯在他的国家理论中建立起政治的支配性；在他的阶级理论中把剥削移置出去，把意识形态提升为一种主要的决定性因素，从而也把工人阶级淡化为“人民同盟”的残余部分；他逐渐把“民主”当作一个非决定性的概念，使得资本主义与社会主义之间的矛盾冲突变得日渐模糊；可谓一种准确的预言。尽管如此，他从来没有为这些主题给出最终的结论；确切一点说，他不是“新社会主义”的第一个重要阐释者，但却是坚持到最后的“新社会主义”的探索者。

此外，2016年纽约州立大学出版社出版了克莱德·巴罗(Clyde W. Barrow)的著作《面向国家批判理论——论全球化后普兰查斯与米利班德之争》(*Toward a Critical Theory of States: The Poulantzas-Miliband Debate after Globalization*)。该书关注于普兰查斯与米利班德对于国家观的争论，梳理了马克思、普兰查斯、米利班德以及阿尔都塞关于国家问题的阐述，并且结合当今全球化背景分析了国家理论的回归趋势。这本书还以国家问题为主线，以争论和批判为视角，分析了普兰查斯的国家理论，并以工具主义和结构主义的方法为论争焦点来对普兰查斯的思想进行考察。

综上所述，英语世界对普兰查斯政治理论的专门探讨，大多集中于普兰查斯与其他学者论述国家理论和阶级理论，但论文与专著不同，无法从权力的角度对普兰查斯的整个政治哲学进行系统而详尽的分析。此外，这些著作对普兰查斯的后期思想涉及很少，而且对于普兰查斯的政治哲学研究则只是在谈及普兰查斯与福柯的差别时有所触及，并没有作为研究重点。

(二)国内研究状况

国内对普兰查斯的研究起于20世纪80年代初期。1982年，普兰

① [加]艾伦·伍德：《新社会主义》，尚庆飞译，江苏人民出版社2008年版，第25页。

查斯的《政治权力与社会阶级》一书由叶林、王宏周等人翻译出版，这也是迄今为止唯一翻译过来的普兰查斯著作的中译本，它为后来学者对普兰查斯的研究提供了极大的参考。到了 80 年代后期，普兰查斯理论研究逐步进入了拓展与综合阶段，徐崇温的《结构主义与后结构主义》（辽宁出版社 1986 年版）以及《西方马克思主义论丛》（重庆出版社 1989 年版）都专门有章节谈到了普兰查斯的政治哲学，特别是《西方马克思主义论丛》的介绍中，将普兰查斯的政治哲学划分定义为结构主义国家观、结构主义阶级观以及意识形态论。

进入 90 年代后，普兰查斯的理论出现于西方马克思主义、政治哲学和政治理论的论著中。蓝瑛编著的《社会主义政治学说史》（上海人民出版社 1992 年版）、陈炳辉的《西方马克思主义国家理论》（中央编译出版社 2004 年版）、张一兵等编著的《西方马克思主义哲学的历史逻辑》（南京大学出版社 2003 年版）也有部分章节涉及普兰查斯国家理论的相关内容。尹树广的《国家批判理论》（黑龙江人民出版社 2005 年版）主要从意识形态批判理论、工具论、结构主义以及生活世界理论几个主题阐释国家批判理论，普兰查斯的国家普遍性和自主性归于结构主义中进行分析。在这一时期发表的论文中，俞吾金的《普兰查斯政治哲学观念片论》（《中共宁波市委党校学报》2002 年第 5 期）以及刘俊杰的《简论普兰查斯的结构主义国家权力学》[《东北师范大学学报（哲学社会科学版）》1988 年第 6 期]主要对普兰查斯的权力理论和小资产阶级理论进行了分析和讨论。

2005 年以来，国内学界对普兰查斯思想的探索进入到多层次研究阶段。这一阶段首先是对普兰查斯和经典马克思主义、阿尔都塞、葛兰西、米利班德之间关系的比较性研究，如郁建兴的《论葛兰西与新葛兰西主义的国家理论》（《社会科学辑刊》2006 年第 6 期）、金瑶梅的《论普兰查斯对阿尔都塞思想的继承与批判》（《晋阳学刊》2010 年第 1 期）、杨东的《阿尔都塞与普兰查斯意识形态比较研究》[《东南大学学报（哲学社会科学版）》2008 年第 S1 期]、孙民的《论“意识形态领导权”理论的原生逻辑与次生逻辑——葛兰西与阿尔都塞、普兰查斯的传承关系研究》(《甘肃社会科学》2012 年第 6 期)等文章。

其次,这一时期国内学者对普兰查斯的国家相对自主性理论也产生了较为浓厚的兴趣,比如江红义的《国家自主性的理论与逻辑》(知识产权出版社 2011 年版)一书,范春燕的《“国家相对自主性”含义辨析》(《理论探索》2007 年第 1 期)和《国家相对自主性理论视野中的资本主义国家与社会之关系》(《学术论坛》2009 年第 9 期)以及周建勇的《国家具有相对自主性——对马克思主义国家理论的分析》(《理论月刊》2011 年第 9 期)等文章,都对国家相对自主性理论及其与经典马克思主义之间的传承关系进行了专门的讨论。

再次,这一时期有些学者开始对普兰查斯作为一个结构主义者的“身份”产生怀疑,并转向对其葛兰西主义渊源的“认证”,如肖扬东的《普兰查斯意识形态理论简论》(《北方论丛》2009 年第 3 期)、刘力永的《民族、时间、空间与资本主义国家:以普兰查斯为中心》[《常熟理工学院学报(哲学社会科学版)》2008 年第 3 期]等文章中所反映出的那样。这种转向的原因部分是由于近年来国内学界对杰索普国家理论的研究逐渐增多,使得杰索普对于普兰查斯的葛兰西主义解读也在中国读者中得到了关注。几乎所有国内学者对杰索普的研究都会涉及普兰查斯及其国家理论的相关内容,如何子英的《杰索普国家理论研究》(浙江大学出版社 2010 年版)以及肖扬东的《马克思主义国家理论的新进展——杰索普“策略关系”国家理论研究》(上海人民出版社 2012 年版)等书中都有部分章节对普兰查斯的国家理论作了“新葛兰西主义”式的解读。

最后,国内目前两本专门研究普兰查斯的著作也已出版。刘力永的《资本主义国家和社会主义政治战略——普兰查斯思想研究》(中国文史出版社 2009 年版)一书对普兰查斯的思想和理论发展脉络从哲学上作了较为系统的梳理和分析。范春燕的《普兰查斯国家理论研究》(中国社会科学出版社 2015 年版)从政治学的角度出发对普兰查斯的国家理论进行了较为全面的阐述，特别是其第四章和第五章，围绕国家问题的争论从多元主义与精英主义、新工具主义、后结构主义权力学的几个方面，结合普兰查斯之后国家理论的进一步发展，面向当今时代的全球化和民族国家的现实背景，对普兰查斯政治哲学的当代影响给出了时代性的评述。

总的来看，国内学界目前对于普兰查斯国家理论的研究仍然不够充分。在西方马克思主义研究领域，普兰查斯研究相对比较冷门，虽然他的一些观点和概念常常被人提及和引用，比如他的国家理论、国家相对自主性理论、新小资产阶级理论等，但是把普兰查斯的权力概念作为贯穿其政治哲学的主题专门研究还比较少。

（三）本研究的创新点

1.选题和研究角度的创新

以普兰查斯的政治哲学为题目的专著、学位论文在国内外学界目前尚未发现，与此相关的期刊论文国内外也只有寥寥数篇，并且相比学位论文篇幅要小得多，论域也要狭窄得多。学界关于普兰查斯的研究课题多以其国家理论而出名，在以国家理论为总体的视域中部分研究涉及阶级理论与意识形态理论。本研究以普兰查斯的权力思想为切入点，将普兰查斯的国家理论、阶级理论、意识形态理论贯穿于一体的系统性研究是有新意的。

2.文本内容的创新

首先，目前学者对普兰查斯的研究还处于探索阶段，对其阐述是分散的、富有争议的，尚缺乏较高质量、系统的专著。本书以普兰查斯从早期至晚期的五部代表作（前文已介绍）为基础，以普兰查斯的论文集为辅助，以当代学者对其思想的批判及回应为背景，以西方马克思主义到后马克思主义的发展历程为研究脉络，以马克思主义为总体性视角，以马克思主义哲学和现当代哲学为理论研究方法，对普兰查斯的权力思想及政治哲学进行系统性、结构性的阐释和分析。

其次，在对普兰查斯著作的研究过程中，研究者要么从整体出发对普兰查斯的哲学思想泛泛而述，缺乏核心概念从而形成统一的内在逻辑，要么从政治学角度入手理解其思想中的某一理论比如国家理论和阶级理论等，而对其政治理论的哲学来源则没有进行深入的考究。本书试图从权力这一政治哲学的核心概念出发，基于普兰查斯对阿尔都塞多元决定论的哲学继承关系以及对传统马克思主义经典理论核心问题的时代解读，探究普兰查斯政治哲学中权力的历史困境、现实问题，进而为当代政治哲学中的权力等核心问题提供分析资源。

最后，政治哲学是当前国内学界研究的一大热点，但从已有的研究状况分析，对西方马克思主义政治哲学研究，特别是西方马克思主义如何过渡到后马克思主义以及政治哲学的转向，尚需达到具体的文本层面。因此，本研究的创新在于以普兰查斯的政治哲学纵观西方马克思主义的文化批判到后马克思主义的政治批判的转向历程。

第一章　普兰查斯的思想缘起与哲学方法论探询

第一节　普兰查斯政治哲学的理论溯源

一、经典马克思主义理论的政治场域

按照普兰查斯本人的看法，他认为马克思、恩格斯和列宁等提出经典理论的思想家并没有从理论系统化的角度探讨政治方面的问题。究其原因，普兰查斯认为这是由于这些经典作家同时也是革命者，他们大多直接从事政治实践活动，所以并没有"明确地谈论严格意义的政治理论问题"①。法国的克·德拉康帕涅在一篇纪念普兰查斯的文章里说："许多马克思的继承者也都意识到这几乎是一个空白点，连列宁的《国家与革命》也不能真正帮助我们理解本世纪后半期的技术官

① ［希腊］尼科斯·波朗查斯：《政治权力与社会阶级》，叶林等译，中国社会科学出版社 1982 年版，第 2 页。

僚国家。普兰查斯的著作开始填补的正是这个空白。”[①]普兰查斯把马克思主义经典著作中提到的政治概念概括为三种情况：第一，对政治实践起直接指导作用的概念，这些概念并不构成严谨的理论系统，然而对具体的实践分析却能起到一定的引导。第二，对政治实践以及国家上层建筑的理论认识，这些认识的要素经过了精心的思考，但是尚未进行系统的探讨。第三，作为问题提出的某些含蓄的一般政治概念，它们作为理论的基础却容易与不同时代的思想混合以至于无法澄清原则。也就是说，普兰查斯认为经典马克思主义中的政治理论存在着概念不够系统、资料不够完备、表述不够精确等问题，而他也将从经典理论的场域中探究有关政治的课题，比如关于权力和国家的系统理论。

（一）马克思和恩格斯的政治理论著作

结构主义的马克思主义哲学家阿尔都塞认为，马克思的著作中存在着“认识论断裂”，这种断裂以《德意志意识形态》为界。在断裂之前，马克思的思想处于意识形态阶段，带有费尔巴哈似的抽象人道主义；之后，马克思哲学思想进入科学阶段，并创立了唯物史观。认识论断裂将马克思的青年时期与成熟时期的思想作了区别和对立。关于这一点，普兰查斯也认为，《德意志意识形态》一书存在着与青年马克思有争议的问题的认识论上的破绽(coupure)。比如马克思青年时期著作中的一些提法，在成熟期著作使用时获得了不同的意义，“它们可能作为提出问题的新方法，或者成为组织提出新概念的绊脚石”[②]。这样一来，普兰查斯就把马克思和恩格斯的后期著作尤其是《资本论》作为其政治哲学思想的重要来源。

---

① [法]克·德拉康帕涅：《略论尼克斯·普兰查斯》，载《国外社会科学动态》1980年第2期。

② [希腊]尼科斯·波朗查斯：《政治权力与社会阶级》，叶林等译，中国社会科学出版社1982年版，第11页。

普兰查斯认为，可以从马克思最主要的理论著作《资本论》汲取政治研究的内容与方法。第一，既要对资本主义生产方式，又要对中间所特有的各个环节的联结和综合模式进行科学分析。第二，要将资本主义生产方式的经济领域方面的理论研究系统化。第三，值得注意的是，《资本论》中除了经济因素之外，政治和意识形态等其他因素也有提到，因此不能把《资本论》仅仅看成是专门的经济著作。第四，这部著作中对政治要素的提法尽管是含蓄的，然而却可以通过经济论述发现关于政治的特殊理论，比如马克思举例说明了国家在资本的原始积累中抑或是在英国的工厂立法中所起的作用，普兰查斯认为《资本论》中有关政治问题的含蓄说法可以使我们少走弯路。

在普兰查斯看来，马克思和恩格斯的著述中常常出现以抽象形式论述有关政治科学的课题。比如马克思的《哥达纲领批判》和《法兰西内战》以及恩格斯的《反杜林论》，这些著作主要为了驳斥那些攻击或歪曲马克思主义理论的作者，阐述了意识形态之间的斗争。然而真正的概念往往由于这种立场间的相互对立而被遮蔽起来，因此需要全面仔细地推敲才会发现。《资本论》中的政治理论之所以会以抽象、含蓄的方式表述，主要在于它以纯粹的资本主义生产方式和社会形态作为对象。在《路易·波拿巴的雾月十八日》中，马克思阐述了资本主义生产方式中资本的不同类型及其相互联系。而通常来说，政治论述是针对现实的具体问题，比如马克思和恩格斯在分析法国、德国或英国的某个特定发展阶段时，是对这些社会形态的具体形势的分析，所以也就需要一整套有关对形势认识的最具体的概念，而不是缺乏精细加工的最抽象概念。“我们在研究某个具体的资本主义社会形态中的政治方面时，应该揭示某些概念在资本主义生产方式中的政治领域内究竟起了什么作用，以及因此这些概念怎样对于一般资本主义社会形态和事实上可能对所有资本主义形态说来，都会同样适用。”[1]也就是说，对

① [希腊]尼科斯·波朗查斯：《政治权力与社会阶级》，叶林等译，中国社会科学出版社1982年版，第13页。

社会形态的当前形势分析需要以“具体问题具体分析”为原则，在阅读这些著作的论断时，需要仔细推敲而不是简单摘录，这种思想过程决定了其“外延和确切限度”，这就意味着，通过整理甚至改造这些概念，其含义也会超出原著的作者最初所要设定的范围，进而生发出更深层的意义。

（二）列宁的政治理论

列宁的政治理论是普兰查斯思想发展的一个必不可缺的重要资源，尤其是《俄国资本主义的发展》《帝国主义是资本主义的最高阶段》和《国家与革命》这三个文本，普兰查斯给予了深度的评析。

列宁于19世纪90年代在《俄国资本主义的发展》一书中阐述了俄国资本主义的产生，论证了俄国资本主义的发展过程，旨在从经济学上彻底批判自由民粹主义从而扫清马克思主义传播的思想障碍。普兰查斯认为其中有三个方面尤为值得关注：一是列宁注重分析革命前的国家经济结构，他看到了资本主义发展的形势和问题，指出：“政治经济学决不是研究‘生产’，而是研究人们在生产上的社会关系，生产的社会结构。这些社会关系一经彻底阐明和彻底分析，各个阶级在生产中的地位也就明确了，因而，他们获得的国民消费份额也就明确了。”[①]这就是说，研究资本主义发展的问题，不仅要分析生产力更要从生产关系的角度看到上层建筑的变化，尤其是阶级关系和权力关系在生产中的地位，这种方法也影响了普兰查斯对结构主义和国家的理解。二是列宁区分了前资本主义和资本主义生产方式规律，不仅捍卫了马克思主义的经济学说，也根据《资本论》的基本原理，结合俄国资本主义发展的经济情况作了补充，体现了“具体问题具体分析”的原则，这正是普兰查斯在对《资本论》的解读中体会最深的一点。三是书中指出了资产阶级民主革命的性质、对象和革命发展前途等问题，这与后来列宁论述社会主义过渡时期统一战线等问题一并成为后来普

---

① 《列宁选集》第1卷，人民出版社2012年版，第188页。

兰查斯思考社会主义战略的重要源泉。

在《帝国主义是资本主义的最高阶段》一书里，列宁对《资本论》之后近半世纪的资本主义发展进行了总结，提出“资本主义已经发展到帝国主义新阶段”的论断，并从垄断的经济特征出发，解释帝国主义的历史地位。普兰查斯高度评价了这部著作：“列宁的分析建立在生产资本的支配地位之上，这与卢森堡和希法亭是截然不同的，前者强调了流通和商品资本的优先地位，而后者则以金融资本论证了银行资本的首要性。”[①]普兰查斯认为，列宁能够超越市场与市场关系的抽象概念分析马克思主义理论，体现了帝国主义理论对马克思主义理论的延伸，因为列宁看到了垄断资本主义阶段，资本的扩大再生产不仅局限于经济领域，而是受到了国家、政治、意识形态等诸多要素的干预，这与马克思所论述的资本主义国家充当“守夜人”角色如出一辙，从而为普兰查斯研究资本主义的本质奠定了基础。同时，列宁的“帝国主义是无产阶级社会革命的前夜”这一论断也推进了普兰查斯对如何在资本主义条件下实现社会主义的革命战略的思考。

《国家与革命》是列宁在十月革命前夕的著作，其全称是“马克思主义关于国家的学说与无产阶级在革命中的任务”，在这部书里列宁系统地阐述了马克思主义的国家理论。第一次世界大战加剧了垄断资本主义向国家垄断资本主义的转变，也使得国家政权与垄断资本结合起来压迫和剥削劳动人民。国家与革命的问题被无政府主义者和机会主义者严重歪曲，特别是第二国际考茨基机会主义反对无产阶级专政的偏见给革命斗争带来了极大的阻碍，为了捍卫马克思主义的国家学说，列宁系统研究国家问题以指导革命斗争。他指出，国家问题无论在理论方面还是政治实践方面都具有特别重大的意义。在总结马克思和恩格斯国家学说的基础上，列宁进一步指出：“无产阶级国家代替资产阶级国家，非通过暴力革命不可。无产阶级国家的消灭，即

---

① Nicos Poulantzas, *Classes in Contemporary Capitalism*, London: NLB, 1975, p.97.

任何国家的消灭,只能通过'自行消亡'。"[①]也就是说,国家是阶级矛盾不可调和的产物,无产阶级必须要通过暴力革命夺取政权,作为马克思主义者,既要承认阶级斗争,也要承认无产阶级专政。列宁认为,马克思谈到的工人阶级不能简单夺取国家机器,代之以打碎和摧毁的手段应该是一个具体的政治问题。《法兰西内战》的回答依然抽象,列宁认为马克思既教导我们勇于破坏旧的资本主义国家机器,又要我们学会具体问题具体分析的方法原则,通过公社建立新的无产阶级政权,而这也是普兰查斯政治哲学中十分关注的主题。二战后发达资本主义已相继进入资本全球化时代,列宁在《国家与革命》中所提及的国家问题在新时代条件下会出现什么变化,成为普兰查斯研究国家与权力理论面临的重要课题。

二、普兰查斯思想的三种来源

众所周知,作为马克思主义理论的三大来源,德国古典哲学、英国古典政治经济学以及英法空想社会主义为马克思主义哲学、马克思主义政治经济学以及科学社会主义的产生奠定了理论基础。马克思主义理论并不是简单地将这三种理论合并,而是与特定的历史背景和政治现实紧密联系的理论统一,特别是政治实践的特定要素。事实上,马克思积极投身阶级斗争,并试图从实践中掌握理论,以促进社会主义运动。阿尔都塞认为,马克思的研究对象经历了从法律到国家再到政治经济学的转移,哲学观上经历了从黑格尔到费尔巴哈再到唯物史观的转换,政治立场上发生了从激进的自由主义到人本主义再到共产主义的转变,尽管这些变化不是同时发生的,但之间却有着深刻的联系。"马克思研究主题的转移是由其阶级斗争的实践方向决定的,这种转移也反过来在新的哲学观上得以体现,自然也影响着政治观念。"[②]在阿尔都塞看来,哲学观的转变是政治经济分析的前提,没有哲

① 《列宁选集》第3卷,人民出版社2012年版,第128页。

② L. Althusser, *Elements of Self-Criticism*, London: NLB, 1975, p.158.

学上的唯物史观就无法找到政治上的理论诉求。

作为马克思主义理论家，普兰查斯进一步发展了马克思的国家理论，深化了马克思主义的政治哲学。值得一提的是，与马克思本人研究经历相似，普兰查斯的著作中也历经了研究主题的多次转换，也都有着法律—国家—政治经济的研究背景，虽然这种思想转变在普兰查斯的政治地位中并没有显得那么彻底和激进，却无疑有着重要的影响。普兰查斯从最初的存在主义的马克思主义，到结合阿尔都塞和葛兰西的政治思想，以及后来借鉴吸收了列宁主义并试图适应欧洲共产主义和奥斯洛马克思主义，哲学上则表现为萨特存在主义到阿尔都塞结构主义再到革命的唯物主义。这种转换无论在政治上还是哲学上虽然与马克思是不同的，但是我们同样要像关注马克思的思想转变那样，注意到普兰查斯的政治思想与哲学观变化的关联性。杰索普将普兰查斯政治哲学的来源总结为三种西方社会思想：法国哲学、意大利政治思想以及古罗马—德国法学。①

（一）普兰查斯与法国哲学

1.普兰查斯与萨特

普兰查斯的理论与三种西方社会思想相关，但是不少西方学者往往只看到了其中一个方面，这尤其体现在他与法国哲学的关系中。实际上，多数西方学者认为阿尔都塞哲学对普兰查斯的影响是最大的，近年来又有些观点认为福柯的思想在普兰查斯的理论发展中起着关键作用，但他们似乎都忽略了在普兰查斯转向阿尔都塞结构主义之前甚至包括一直到他的晚期著作中同样占据重要地位的哲学思想——萨特的存在主义哲学。

如前文所述，在普兰查斯的学术生涯中萨特哲学一直具有独特的地位，这一方面因为普兰查斯的求学和研究背景主要在法国巴黎，而

① Bob Jessop, *Nicos Poulantzas: Marxist Theory and Political Strategy*, London: Macmillan, 1985, pp.313-330.

萨特哲学在当时成为学术圈讨论的主流和热门;另一方面,普兰查斯的早期思想中由于受特殊政治环境的影响,接受的主要是萨特存在主义的马克思主义。这些外部因素都在普兰查斯理论的形成与发展中发挥着重要的作用。

从理论内部来看,萨特预先提出了普兰查斯早期关于国家理论近乎所有的论点。第一,萨特看到了国家在统治阶级内部的分歧中起到的调和作用,强调了制度统一和政治权力的地位,以及在追求利益的过程中国家的自主性。他指出,国家构成了统治阶级内部冲突的调解中介,这些冲突有着削弱统治阶级自身地位的风险,而国家则超越了特殊利益的敌对和冲突,体现了统治阶级的普遍利益。显然萨特注意到了这种统一是如何依靠统治阶级与被统治阶级的相互独立,看到了国家是如何确立和维持秩序以服务于统治阶级的利益需求。第二,萨特认为国家必须具备关注整个社会的总体视角,他认为“国家的存在是为了统治阶级的目的,但是从国家总体性的角度考虑,它也有利于抑制阶级冲突”①。也就是说,为了长远利益的考量,萨特认为国家在必要时可以通过自身的政策来缓和阶级之间的对抗性矛盾。第三,萨特谈到了国家的自主性,这种独立的制度结构有别于经济结构。他指出,国家的真正矛盾在于,它既是一种追求阶级目标的统治工具,同时又把自身当作是所有人的主权统一体。在他看来,国家在制度结构上存在操纵阶级斗争的可能。

可以看出,萨特的这些观点跟普兰查斯对权力与国家问题的论述(如国家的相对自主性以及国家作为阶级的统一、国家的凝聚作用等)是如此的接近。他们都明确地将国家作为构成社会凝聚力的重要因素。不同的是,萨特将国家的这些特性归因于人类内在的异化条件②,而普兰查斯则认为这关系到资本主义生产方式的结构、资本主义国家

① J.-P. Sartre, *The Critique of Dialectical Reason*, London: NLB, 1968, p.639.

② 萨特认为,国家等组织形式的产生是为了克服人类的“异化”,它以丧失个体实践的自由为代价,新的制度可以被推翻,但是异化却始终无法被克服。

的制度化和意识形态特征。

2.普兰查斯与阿尔都塞

普兰查斯通常被认为是“结构主义的马克思主义”中的重要人物，这不仅是由于他是阿尔都塞的学生，也因为他在理论中运用了结构主义的方法研究国家、权力、阶级以及意识形态等政治理论问题。特别是在20世纪70年代后期，普兰查斯与英国学者米利班德在《新左派评论》上展开的关于国家问题的论辩，不仅让普兰查斯在英语学界赢得了声誉，也同时让其国家理论贴上了“结构主义国家论”的标签。[①]按照杰索普的说法，把普兰查斯限定在结构主义者的框架内未免偏颇，并不利于对其思想的整体把握。然而毋庸置疑的是，阿尔都塞的理论对普兰查斯思想的形成影响是直接的。普兰查斯对阿尔都塞思想的承袭关系体现在如下几个方面：

首先，普兰查斯在理论表述中直接运用了阿尔都塞理论中的概念，其中“多元决定”概念就是普兰查斯将其运用于自己理论的典型。在对马克思主义的历史观理解中，阿尔都塞否定了一元论和二元论的学说而提出了多元决定论，普兰查斯则沿用了这一概念，并在自己的理论中使用。比如在论述国家职能的问题时普兰查斯认为，“严格说来，国家的技术经济职能、意识形态职能或‘政治’职能是不存在的：存在的只是由国家所处地位而注定的综合的调和职能，这种职能有多种形式，并通过特殊的政治形式而受到多元的决定影响”[②]。也就是说，

---

① 在1976年第95期《新左派评论》上，普兰查斯为反驳米利班德对其著作《政治权力与社会阶级》的批判，区分了两种含义的结构主义：一是忽略了阶级斗争在历史上重要地位的结构主义，二是与资产阶级唯心主义传统的人道主义历史主义的框架相对立意义上的结构主义。文章中提到自己“在这个意义上我是马克思主义结构主义者”，这里的“意义”显然是指第二种，由此也被学界认为普兰查斯的学说是结构主义的政治哲学。实际上，普兰查斯在理论中十分重视阶级斗争的作用，然而这一点常常被研究其思想的人忽略。参见普兰查斯：《资本主义国家：答米利班特和兰克鲁》，载徐崇温：《“西方马克思主义”论丛》，重庆出版社1989年版，第447页。

② [希腊]尼科斯·波朗查斯：《政治权力与社会阶级》，叶林等译，中国社会科学出版社1982年版，第44页。

他把这种多元决定的思维方式用于分析国家的作用，将其理解为一种政治多元因素的综合，从而发展了阿尔都塞的概念。

其次，普兰查斯在文本研究上采取了阿尔都塞的方法。阿尔都塞在《读〈资本论〉》中提出了“症候式阅读法”，主张在《资本论》的话语文字背后挖掘文本的真正含义，拒斥用传统的方式将马克思的研究对象和概念庸俗化。普兰查斯也借鉴了这一方法，在对《资本论》的解读中，他认为这部论著本身就不是一部“专门的”经济著作，它以含蓄的说法提出的政治理论有待于深入研究。“我们所应该做的是我们在阅读这些著作的论断时，应该仔细推敲而不是简单摘录，以取代原著的思想过程中某些地方实际存在的不同概念。”①可见，阿尔都塞的这种阅读法对普兰查斯的研究是有着重要影响的，这使得他在对文本进行解读的同时，也对其中的概念进行了改造。

最后，普兰查斯沿用了阿尔都塞的理论框架。阿尔都塞对马克思的著作持有“认识论断裂”的观点，他将马克思的思想划分为青年期和成熟期，并以《德意志意识形态》出版为界设定了人本主义的马克思与科学主义的马克思。这种理论框架也体现于普兰查斯的思想中：“《德意志意识形态》一书表现为青年马克思的有争议的问题发生认识论上的破绽，在这个发生破绽时期著作的文字里，还有许多含糊不清的地方。”②在普兰查斯看来，马克思正是这种通过阿尔都塞所说的“断裂”过程最后成为马克思主义者。

除此之外，普兰查斯也运用结构主义构建自己的理论，强调结构的功能并把它用于国家在资本主义生产方式中的地位以及国家相对自主性等方面。

当然，在两者的思想关系中如果只关注普兰查斯对阿尔都塞的继

---

① [希腊]尼科斯・波朗查斯：《政治权力与社会阶级》，叶林等译，中国社会科学出版社1982年版，第13页。

② [希腊]尼科斯・波朗查斯：《政治权力与社会阶级》，叶林等译，中国社会科学出版社1982年版，第11页。

承,或者把普兰查斯仅仅看作为结构主义者的普兰查斯,那么就会像杰索普所说的那样,“这是无益于理解概念的本质含义乃至整个政治思想的,也将无法看清普兰查斯是如何超越结构的偶然性而将阶级斗争和实践置于优先地位”①。事实正是如此,普兰查斯同样在理论发展中批判了阿尔都塞。

一方面,普兰查斯在对阶级问题的看法上不赞成阿尔都塞。他曾在《法西斯主义与独裁》一书中提到意识形态国家机器这个问题时认为,应将其放在阶级斗争的关系中分析,否则就会引起概念混乱。他指出:“阿尔都塞并没有给予阶级斗争以应有的地位,这是他最大的失误。”②而阶级斗争和阶级实践在普兰查斯的理论中占据着重要地位,尤其是对国家和权力问题的分析都不能忽视阶级的影响,阶级关系在每一个方面都是权力关系。

另一方面,普兰查斯对国家机器与经济机器作了区分,批判阿尔都塞只注重国家机器而没有看到经济机器的作用。阿尔都塞认为国家机器能够干预生产关系的再生产,这种干预通过镇压性和意识形态国家机器来完成。普兰查斯对此予以否认,他认为用“国家=意识形态+镇压”的概念无法理解列宁关于垄断资本和帝国主义的思想。因此,他提出了经济机器的概念:“经济机器就好比商业或者工厂,它们不过是将政治—意识形态关系结合中的经济关系物质化与具体化。”③不难看出,普兰查斯的这种区分看到了阿尔都塞忽略的因素,是对其国家机器理论的进一步发展。

无可否认,阿尔都塞对普兰查斯的理论形成与发展具有重要的影响,这不仅由于二者存在师徒关系的外部因素,而且在理论内容上普兰查斯沿袭了阿尔都塞的理论与方法。然而并不能由此把普兰查斯

---

① Bob Jessop, *Nicos Poulantzas: Marxist Theory and Political Strategy*, London: Macmillan, 1985, p.318.

② Nicos Poulantzas, *Fascism and Dictatorship*, London: Verso, 1974, p.300.

③ Nicos Poulantzas, *Classes in Contemporary Capitalism*, London: NLB, 1975, p.25

看成单一的结构主义者，正如普兰查斯对阿尔都塞批判的那样，他从一开始就注重阶级的分析，这是其他的结构主义的马克思主义者所缺乏的。因此，全面地看待普兰查斯与阿尔都塞的关系对于理解其著作本身显得尤为重要。

3.普兰查斯与福柯

在论及20世纪70年代末西方出现的“马克思主义的危机”时，普兰查斯曾提出用跨学科的方式来解决这种困境，其中包括语言学、精神分析学以及福柯的著作，而实际上最终普兰查斯只采用了福柯的研究，正如杰索普所认为的那样，普兰查斯区分了作为知识学家的福柯与作为研究权力技术和国家理论家的福柯的差别，普兰查斯后来的确更多汲取了福柯关于权力与国家的思想。我们同样可以像分析普兰查斯吸收阿尔都塞理论那样发现普兰查斯在其著作中有三种不同的方式与福柯思想关联。

首先是从福柯及后结构主义者中的直接借鉴。在意识形态控制这个问题上，普兰查斯运用了福柯对特殊与普遍的知识分子的区分，在分析希腊知识分子思想时就将其分为“党派知识分子”和“学院知识分子”；他也接受了福柯关于权力与知识的看法，赞同其“权力和知识是相互蕴含的，没有相关知识领域的建立就没有权力关系”①的观点；在国家问题上，他也运用了福柯对治理术与规训的论点，以及对解剖政治与身体政治的分析，“国家并不是一个涵盖所有的全能实体，但它的内在界限已经铭刻在了它的实在性之上”②，这就意味着对国家的理解既要考虑它的外在实体性，也要从内部对其结构进行剖析。

值得注意的是，在接受福柯理论的同时，普兰查斯也对其进行了批判性修正。比如在知识与权力的态度上，普兰查斯更看重体力劳动与脑力劳动的分工所产生的作用，指出：“权力和知识只是对意识形态自发和基本的形式的补充和增强，这些形式通过资本主义生产关系和

① [法]福柯：《权力的眼睛》，严锋译，上海人民出版社1997年版，第32页。

② Nicos Poulantzas, *State, Power, Socialism*, London: Verso, 1980, p.152.

资本主义劳动的社会分工的终结而存在于国家结构中。”[1]显然，他是站在国家结构的角度，以生产关系分析知识与权力的关系的，这比福柯的观点更进了一步。

其次，普兰查斯将自身与福柯的理论相结合，这也让普兰查斯的研究方法更具有当代法国哲学的特色。杰索普将普兰查斯与福柯理论的结合概括为五个方面：一是福柯看重个体与规训，而普兰查斯也在结构主义方法中用多元决定论兼顾个性与制度的独立性；二是他们都使用了关系的方法来分析权力与策略的关系；三是他们都认为权力不仅只有压制和消极的作用，同样也具有创造性；四是这种创造性都反映在知识与权力的关系上，以劳动分工或是规训体现；五是他们都对“平民抵抗”这种不同于国家和军事的斗争策略感兴趣。

最后，普兰查斯与福柯二者思想有着显著的不同，但在权力和国家问题上仍然有相似之处。一方面，与福柯相比，普兰查斯更为强调资本主义的劳动分工和阶级斗争而不是规训之术；普兰查斯也看到法律不仅是强迫压制性的，而且有着凝聚共识的作用；不像福柯过多地强调微观政治的分散性，普兰查斯重视国家在组织世界政治秩序中发挥的中心作用。另一方面，他们都把权力视为一种关系现象，并由此以宏观和微观的视角解释社会关系中权力的内在性以及国家在生产方式中的独特性，然而他们都忽略了权力的总体，造成在各自论述一端的时候对权力的论证发生摇摆，因此需要我们在一个马克思主义的总体性维度中对他们的理论提出质疑，这样才能在更为广大的空间里理解二者的关系。

（二）意大利政治

当谈及意大利政治对普兰查斯的影响时，我们往往会想到葛兰西与普兰查斯的思想关系。的确，普兰查斯在霸权理论的分析中沿用了

---

[1] Nicos Poulantzas, *State*, *Power*, *Socialism*, London: Verso, 1980, p.72.

葛兰西的霸权概念，之后又支持葛兰西的统一战线方针。除此之外，在后期著作中，普兰查斯在发展欧洲共产主义战略中还运用了意大利共产党因格劳(Pietro Ingrao)的左翼思想。

葛兰西在《狱中札记》中使用了“霸权”这个概念，来表达统治阶级通过教育和宣传等手段，运用媒体、家庭、教会等文化机制使统治合法化，达到人民接受被统治的状态，以文化的方式建立国家的认同。普兰查斯认为葛兰西的这一概念是受列宁的启发：“葛兰西总是相信他是在列宁的著作中找到这个概念的，特别是列宁关于工人阶级意识形态组织和工人阶级在被统治的政治斗争中的领导作用方面的著作。”①而葛兰西把霸权概念发展成一种发达的资本主义形态中统治阶级的政治实践。葛兰西的霸权概念有力地批判了经济主义决定论。“经济主义以政治社会和市民社会两者的区分为基础——这原本只是一种方法论上的区分，可现在却俨然作为一种有机体的区分被提了出来。”②他认为要想正确地分析发达资本主义社会形态就需要明确经济基础与上层建筑之间的关系，这得到了阿尔都塞和普兰查斯的认同。此外，葛兰西还强调了知识分子在实践中发挥的精神领导作用。

然而，普兰查斯对葛兰西的思想一直是持怀疑态度的。在意大利和法国，葛兰西被认为是重视阶级斗争而拒斥物质和结构的历史主义者，尽管普兰查斯认同葛兰西对霸权的分析，但他也让自己与历史主义保持距离，而更为关注阶级权力的制度与结构基础以及与阶级实践的相对分离。当然普兰查斯也力促共产党员介入阶级斗争以求在工人阶级领导权下分化资本主义国家的政治力量实现共产主义，他的政治生涯奉行马克思列宁主义的思想，然而他认为这种领导权可能只会在无产阶级革命胜利之后才能得到统一。在向社会主义转变的过程

① [希腊]尼科斯·波朗查斯：《政治权力与社会阶级》，叶林等译，中国社会科学出版社1982年版，第145页。

② [意]葛兰西：《现代君主论》，陈越译，上海人民出版社2006年版，第35页。

中，首先要建立经济、政治以及意识形态机器以确保工人阶级的权力。葛兰西集中力量推进权力和阶级斗争从而排除资本主义国家的制度形式，这在普兰查斯看来未免有失偏颇。得益于早期的法学学术训练背景，他极为重视国家与制度形式。实际上，在他的晚期著作中也提及霸权概念不能仅仅从阶级角度分析而要考虑其结构决定，这也促使普兰查斯认为葛兰西的斗争策略依然是列宁主义的，因为他把国家看成是由个体组成的单一整体；相反，普兰查斯则把国家看成凝缩了阶级矛盾与冲突关系的制度性实体。

此外，在关注普兰查斯与葛兰西思想关联的同时，我们也不能忽视其他意大利马克思主义学者对普兰查斯的影响，特别是意大利共产党因格劳左翼思想。在论述政党、社会运动、直接民主、代议制民主等概念时，普兰查斯多次提及因格劳左翼思想[①]。他还在其主编的法国大学出版社出版的马克思主义系列丛书中促成了因格劳著作《屠杀与权力》的翻译出版。也正是因格劳左翼思想让普兰查斯了解了奥斯洛马克思主义，这些讨论也都出现在普兰查斯的后期著作中。

（三）罗马—日耳曼法（欧陆法系）

普兰查斯有着深厚的法学知识背景，这是常常容易被人忽略的地方。事实上，他不仅获得了法学博士学位，而且在德国和法国的博士后经历中同样继续从事法学研究。在早期研究经历中，普兰查斯在法学与法哲学领域都有着卓越的学术成果。普兰查斯的后来著作里似乎有意地掩盖了之前的法学思想，他甚至回绝了自己的博士论文再版，理由是他认为自己的论文当时倾向于人本主义和历史主义思想。而当普兰查斯着手全面研究国家问题时，他的法学学术功底在著作中可以说展露无遗。

---

① 因格劳(Pietro Ingrao)，意大利政治家，意大利共产党的高层领导人。1942 年加入意大利共产党并参加了反法西斯斗争。二战结束后，他代表左翼引领了党内马克思列宁主义倾向，并出版多部政治学著作。

在普兰查斯看来，资本主义国家的标准形式应该是法治国家(Rechtsstaat)，也就是基于法律秩序为基础的宪法制国家。他非常关注法律在形成自由民主的阶级实践中所发挥的重要作用，并认为法律可以推进领导权的实行，有利于维护国家权力的统一。他也强调了政治法律的意识形态是如何为夺取霸权提供阵地的，在分析资本主义国家的制度结构等许多方面普兰查斯也都受到了法学理论的影响，这体现在他对合法主权、权力分离、行政与立法及官僚的关系、公共法的地位与作用、暴力机关宪法化等方面的分析和论述中。实际上，普兰查斯关于国家的阶级统一和相对自主的理论某种程度上来自于凯尔森(Hans Kelsen)的规范法学①，尽管他批判过凯尔森运用新康德主义方法将事实与价值进行区分。阿兰·刘易斯在《普兰查斯与国家自主性理论》一文中认为，普兰查斯提出了国家理论的重要问题，然而他最终并没有很好地解决这个问题，其主要原因就在于他没有继续运用自己的法学理论。“我们更期望普兰查斯能够像研究法律那种方式那样全面持续地分析政治制度。”②刘易斯的这种评论固然有其道理，针对这些问题普兰查斯在后期的著作中也有所突破，然而归根结底，普兰查斯之所以能够发展出关于国家与权力的政治哲学理论，是与其对法学的重视和研究背景分不开的。

---

① 汉斯·凯尔森(Hans Kelsen)，奥地利规范法学派创始人。他曾于1919年任维也纳大学教授，参与起草《奥地利共和国宪法》。1920～1930年，凯尔森出任奥地利最高宪法法院法官。40年代后移居美国，在哈佛、加州大学等地任教。凯尔森系统阐述了“纯粹法学”的实证主义理论，这个理论的研究旨在将法看成是“纯粹”的、独立自在的规范体系，认为基本规范法律体系才是法学最核心的内容。凯尔森的政治法律思想在欧美各国具有广泛而重要的影响力。

② A. Lewis, “Nicos Poulantzas and the Autonomy of the State,” *Catalyst*, Vol.20, 1980, pp.22-44.

第二节　普兰查斯的哲学方法

一、多元决定论

“多元决定”是阿尔都塞思想中的一个关键概念，用以描述结构内部不同层面间的相互作用，它也被用于社会历史中来突出其多元性的特征。普兰查斯在讨论国家、权力和阶级问题时沿用了阿尔都塞的这个概念，并将它发展深化，赋予了更多的政治哲学内涵。

（一）阿尔都塞的多元决定概念

“多元决定作用”(overdetermination)一词是一个哲学和心理学术语，包括两种基本解释：一是指受到多种心理因素的决定作用；二是指过分肯定、过高估计决定作用的影响。“多元决定”这个词最早是由弗洛伊德使用，他认为人的行为是由多种力量积聚而成，因此每个个体的行为都是在多元决定的影响下产生的。阿尔都塞在使用这个术语时表示各种矛盾积聚的融合。他借用“多元决定”概念具有两层含义：一是表示多元决定论与一元决定论相对立的关系；二是将这个概念放置于社会历史中以说明上层建筑具有的对经济基础的特殊作用。

一方面，阿尔都塞的多元决定在哲学上是一种矛盾的多元作用，他的目的是批判一元决定论的因果关系。阿尔都塞在《读〈资本论〉》里将近代两种因果关系概括为“推论性因果”与“表现性因果”①，认为二者体现了一元决定主义。在阿尔都塞看来，因果关系应该由多元决定，黑格尔的辩证法主要从单一的矛盾出发理解历史，是绝对精神的展开过程，而马克思的辩证法则蕴含着复杂和多元的要素，历史是由

---

① “推论性因果”以笛卡尔和培根为代表，这是一种线性的原因与结果关系；“表现性因果”以黑格尔和莱布尼茨为代表，这种因果关系表现为部分可以代表整体。

这些不同要素相互作用而发展的。传统观念认为，马克思的唯物辩证法是对黑格尔辩证法的颠倒。然而在阿尔都塞看来，这种颠倒是对辩证法结构的一种彻底改造，而非简单的意思更改："马克思对黑格尔辩证法的颠倒完全不是单纯地剥去外壳。如果人们清楚地看到黑格尔的辩证法结构和黑格尔的世界观(即黑格尔的思辨哲学)所保持的紧密关系，那么，要真正地抛弃这种世界观，就不能不深刻地改造黑格尔辩证法的结构。"[①]也就是说，马克思的矛盾表现为结构性的因果关系，是一个矛盾的统一体。阿尔都塞认为，马克思不仅在术语上用经济基础和上层建筑代替了黑格尔的政治国家和市民社会，而且也改变了它们之间的关系。

另一方面，阿尔都塞还用多元决定论表述上层建筑的特殊作用。他认为，多元决定意味着上层建筑中有效的决定要素，"历史进程要在上层建筑的许多形式(从地区传统到国际环境)中为自己开辟道路，只要承认上层建筑的形式和国内外环境在多数情况下是特殊的、独立的和不能归结为单纯现象的真实存在，矛盾的多元决定就是不可避免的和合乎情理的"[②]。在多元决定这种特殊作用的影响下，关于上层建筑和经济基础的地位，阿尔都塞表示并不能只从原则上去一概而论，而应结合真实的历史情况进一步考察，因此他将其具体区分为"原则"和"事实"。也就是说，原则上经济占决定地位而往往在事实上并非如此，经济上的决定作用有时在事实的具体环节上也会处于从属地位，而上层建筑比如国家和政治有时会在关键时刻起到决定性作用。他甚至借助毛泽东的矛盾理论展开进一步分析："只有经济主义才一劳永逸地把各因素的实质和地位确定下来……正是唯经济主义事先就一劳永逸地规定，归根到底起决定作用的矛盾必定是占主导地位的矛盾，矛盾的这一'方面'(生产力、经济、实践)必定起主要作用，而另一'方面'(生产关系、政治、意识形态、理论)必定

① [法]阿尔都塞:《保卫马克思》，顾良译，商务印书馆 2006 年版，第 92 页。

② [法]阿尔都塞:《保卫马克思》，顾良译，商务印书馆 2006 年版，第 103 页。

起次要作用。”[①]在这里阿尔都塞批判了经济主义决定论的教条性，他在对原则和事实进行区分的同时，也在以经济起决定作用的前提下保留和扩大上层建筑的自主空间，而这种区分事实上也是对结构与实践关系的进一步理解。

（二）普兰查斯的政治多元决定

多元决定论重视经济在原则上的决定作用，但更为强调社会历史往往表现为一定阶段矛盾的变化，这使得经济与上层建筑中的政治和意识形态要素常常交替起决定作用，从这个角度上也更有助于我们理解马克思主义关于“阶级斗争是历史发展的动力”这个命题。换句话说，多元决定论把历史看作是复杂的和结构性的，而推动历史朝向未来的动力并非单一的绝对精神，也不仅仅是由经济要素单一决定，不然作为政治力量的阶级斗争如何成为历史的动力呢？在阿尔都塞那里，政治作为独立因素反映了复杂的社会整体，它是各种因素包括经济、政治以及意识形态的浓缩，多元决定论让政治实践推动历史发展成为可能。而普兰查斯正是看到了多元决定论的这些特点并在自己的政治哲学中多次使用。

首先，普兰查斯在分析生产方式时运用了“多元决定作用”概念。在他看来，生产方式是一种复杂的结构性整体，其中结构内部各个要素之间既不存在类比性特征，也非外在性关联，更不是线性的因果作用，“那只是这样一类关系，在其中居统治地位的结构对这些部门结构的体制（性质）起着控制作用，使这些结构各得其所和各司其职”[②]。换言之，普兰查斯在这里使用“多元决定作用”这个概念用以阐述结构内部中各个环节之间存在的非线性关系，每个构成要素及其环节的关系由其他的要素和环节共同影响，是一种复杂的多元决定的结构关系，

① [法]阿尔都塞：《保卫马克思》，顾良译，商务印书馆2006年版，第208页。

② [希腊]尼科斯·波朗查斯：《政治权力与社会阶级》，叶林等译，中国社会科学出版社1982年版，第4页。

这与阿尔都塞的第一种含义异曲同工。

然后，在论述上层建筑的特殊作用这一层含义上，普兰查斯对多元决定作用展开了进一步的分析。他认为，多元决定论不仅可以指向结构内部，还可以分析政治领域，尤其是阶级斗争和政治实践。由于多元决定论赋予了上层建筑尤其是政治和意识形态自主空间，矛盾在复杂的整体结构中于特定的历史阶段会引发具体的斗争和冲突，政治实践也因此成为具体的现实，政治和意识形态也就能够影响阶级斗争的权力关系。普兰查斯认为政治的这种多元决定表现为国家职能的“综合作用”。在他看来，国家的经济职能、政治及意识形态职能是并不存在的，作为整体的国家本身就具有一种综合的职能，它是以政治等形式将这些多元要素协调起来，用来适应和满足阶级利益的需求。

最后，在分析阶级与阶级斗争问题时，普兰查斯用多元决定论来阐述马克思的社会阶级概念。他认为马克思对社会阶级的分析不仅是指经济结构，而是指生产方式和社会形态的结构的整体：“社会阶级是这样一个概念，它表示结构的整体，表示一种生产方式或者一种社会形态的模式对承担者——他们构成社会阶级的支持者——所产生的影响：这个概念指示出社会关系领域内全部结构所产生的影响。”[①]也就是说，要把社会阶级视为一个结构的整体，而不是一个结构的某部分。普兰查斯还补充道，马克思“阶级斗争是历史发展的动力”的提法，意在表明阶级斗争是与政治的上层建筑的特殊作用即自主性相联系的。这样一来，普兰查斯就排除了阶级斗争的历时性，而从结构层面进行了重新定义。

① [希腊]尼科斯·波朗查斯：《政治权力与社会阶级》，叶林等译，中国社会科学出版社 1982 年版，第 64 页。

二、接合法

（一）“接合”的演变

普兰查斯用接合法（the method of articulation）来表达结构内部各个环节和部门之间的关系。关于“接合”（articulation）一词，文化研究学派斯图亚特·霍尔曾认为它在英语中具有两层含义：“‘articulate’的意思是发声（to utter）、说出来（to speak forth）、发音清晰（to be articulate）。它带有用语言表达等方面的含义。但是我们也说‘铰链式’卡车：一种车前体和车后体可以但并不一定连接的卡车，两个构件相互连接，但是要通过一个特殊的联动装置，也可以通过这个装置将构件拆开。因此接合是一种连接形式，它可以在一定的条件下将两种不同的要素统一起来。它是一个关联，但并非总是必然的、确定的、绝对的和本质的。”①霍尔一方面从语言学的角度表述“接合”是一种把语音串在一起的运动，另一方面说明了这个词本身具有将各个部分连成一个统一体的含义。

马克思在分析生产方式时使用类似的词语“结合”（combination）来表达环节和要素之间的关系：“不论生产的社会的形式如何，劳动者和生产资料始终是生产的因素。但是，二者在彼此分离的情况下只能在可能性上是生产因素。凡要进行生产，它们就必须结合起来。实行这种结合的特殊方式和方法，使社会结构区分为各个不同的经济时期。”②马克思用“结合”来说明经济环节一般是由一定因素组成，这些因素是不变的，但实际上存在的只是这些因素的结合，而这是可变的。

葛兰西将马克思的这种想法进一步深化，他运用“接合”概念解

---

① Stuart Hall, "On Postmodernism and Articulation: An Interview with Stuart Hall" (ed. L. Groossberg), in David Morley and Kuan-Hsing Chen (eds.), *Stuart Hall: Critical Dialogues in Cultural Studies*, New York and London: Routledge, 1996, p.141.

② 《马克思恩格斯选集》第2卷，人民出版社2012年版，第309页。

释霸权和意识形态。他认为霸权作为一个过程，可以让处于统治地位的阶级把各个权力集团的利益接合起来，而它也会运用手段和工具让这些权力集团服从于霸权统治达到同意和共识，这就是意识形态。在葛兰西看来，霸权就是把不同利益和实践接合起来达到共识的过程，霸权就是意识形态斗争。阿尔都塞吸收了马克思和葛兰西的思想，认为不同层面之间的关系建构了总体性，这些层面之间是一种"接合"的，这种关系既不是本质的，也不是一一对应的，而是处于总体性结构内部的矛盾复杂关系。

（二）普兰查斯对接合法的运用

普兰查斯认同阿尔都塞的这种多元决定式的总体性结构，然而他更为强调接合法在生产方式中各个环节和层面上扮演的特殊角色。在普兰查斯看来，这种特殊的接合形式是区别于不同生产方式的标志性特征，这个接合的形式构成了一种生产方式的母体（matrix）。也就是说，接合这种方式让各个环节构成一个结构性的整体。在普兰查斯看来，结构内部的各个环节地位是有差别的，会有一个主导作用的环节发挥作用，这与经济起决定作用的角色并不冲突。在资本主义条件下，经济的决定作用才与经济的主导作用一致，而在前资本主义条件下，二者的地位并不重合，经济并不处于明显的统治地位（由宗教和政治等意识形态因素统治决定）。"在资本主义生产方式所特有的这种结合情况下，生产力和生产关系是同源的，所有制关系的分离与实际占有关系是一致的。而在'资本主义以前'的生产方式下则包括有不同源的两种关系，生产方式归根到底决定于经济，而生产方式的各个环节的接合和占统治地位的指标，主要决定于人们所说的那种接合采取的形式。"[①]换言之，相比主导作用，经济的决定作用是不变的，有时是隐含的，它决定着结构内部各个环节是如何接合的，使其具备生产

① [希腊]尼科斯·波朗查斯：《政治权力与社会阶级》，叶林等译，中国社会科学出版社1982年版，第18页。

方式的特征。

此外，普兰查斯吸收了葛兰西的意识形态要素，他认为法西斯主义的出现是跟资产阶级和工人阶级出现的意识形态危机分不开的，“在意识形态‘霸权’出现空场的情况下，法西斯主义意识形态成功地将种种意识形态碎片‘缩合’在一起，其中最为关键的是它将小资产阶级的意识形态收编并‘熔合’在自己的意识形态中”①。也就是说，普兰查斯认为政治和意识形态的统一性是依靠主导性的意识形态发挥作用，将其他意识形态予以接合形成霸权。这意味着意识形态要素可以脱离经济决定进行自主建构，即意识形态独立化。普兰查斯借用接合的方法在这一点上抓住了意识形态的复杂特征。

然而我们也应该看到，普兰查斯在运用接合法分析意识形态理论的过程中依旧存在着局限性。普兰查斯虽然用接合法试图让意识形态摆脱经济决定论的困境，但是却把意识形态依附于阶级属性并建立了固定的对应关系，这也导致了阶级还原论的结果，拉克劳曾据此批驳其为“意识形态因素与阶级规定之间的一种本质主义结合”，他力图冲破这种还原论，并表示“在欧洲工人阶级影响日益增强的今天，在他们想用斗争来夺取意识形态和政治霸权的形势下，消除阶级还原论的最后残余尤为迫切”②。显然拉克劳提出的接合理论正是对这种阶级还原论的质疑，他认为这种失败在于没有解释阶级话语中的具体变化，因此他用“接合”概念建构自己的理论体系。

由此我们可以看到，接合法并不是一种认识论上的运用，而是一个创造性的连接过程。它的意义在于避免本质论和还原论，将对应关系看作是非对应的结构中的矛盾关系，在认识论上体现为一种将结构中的矛盾同一建构的思维方式，在政治上突显为统治与被统治间的权

---

① 周凡：《论拉克劳后马克思主义转向之前的接合概念》，载《马克思主义与现实》2005年第2期。

② Ernesto Laclau, *Politics and Ideology in Marxist Theory*, London: NLB, 1977, p.17.

力关系，在策略上提供了一种特定的社会形态和语境介入。

三、结构与实践

普兰查斯的政治哲学以政治实践为研究对象，以结构主义的马克思主义为方法本源，这导致了其理论内部存在着结构与实践的矛盾关系。斯图亚特·霍尔认为，在普兰查斯的每个问题中都存在着双重结构，也就是说，每个因素都会出现两次，一次作为结构效应，一次作为实践效应，这体现在普兰查斯使用的概念总会反映出结构上的规定以及历史的现实的张力。

在结构与实践的关系上，普兰查斯认为区分结构和实践是必要的。他认为，历史循环论的错误就在于结构与实践的不加区分，从而导致了结构来源于实践并由实践决定的论断。这产生的后果是：一方面，在政治上把国家的政治法律上层建筑与政治实践相提并论，国家和法律干预经济结构的方式被认为是政治实践介入经济实践；另一方面，把社会阶级和出现于政治和意识形态方面的阶级斗争看作是为了推动无意识的经济规律，“把政治和意识形态与阶级斗争即实践等同起来，其结果是，国家的政治法律结构以及意识形态的结构消失了；把经济与结构等同起来，其中包含有经济阶级斗争的消失”①。在普兰查斯看来，政治实践对经济实践的干预是要通过国家和阶级权力之间的转换才得以完成，是要经过国家自主性这样的复杂路径，干预在这里并不表示实践，而是一种结构接合方式。

此外，普兰查斯还认为结构和实践完全分离的二元论是错误的。结构和实践二者并非没有交集，而是存在着关联并相互影响。结构对实践的影响，是通过结构内部各个环节之间接合的变化，体现为一种多元决定作用影响政治上的阶级斗争。政治实践，即起多元作用的实践，集中表现了阶级斗争其他方面的矛盾，它本身也处于由阶级斗争

① [希腊]尼科斯·波朗查斯：《政治权力与社会阶级》，叶林等译，中国社会科学出版社 1982 年版，第 86 页。

的整个领域以及这种斗争的各个方面对政治实践所确定的范围之内。其中,实践领域本身又被作为一种范围,由结构产生的影响来确定其界限。实践对结构的影响体现在,"形势是以结构对实践领域所产生的影响形势,集中作为整体在政治阶级斗争方面表现出来的,调节政治实践的干预,是各个结构方面的实践领域集中干预"①,也就是说,结构受到了阶级斗争整体和不同层面的干预。

普兰查斯也意识到自身理论中的这种结构和实践矛盾,这种矛盾关系从他一开始的著作中所体现的总是以结构作为出发点,一直到后期著作里强调结构和实践关系的相互作用,试图超越却一直萦绕在文本中。正如霍尔认为的那样,这种内在逻辑张力从开始就孕育在思想框架中,它似乎也成为"一种生产性的开放"②,问题及其解决在无限地延宕起伏,然而这并不一定是件坏事。

---

① [希腊]尼科斯·波朗查斯:《政治权力与社会阶级》,叶林等译,中国社会科学出版社 1982 年版,第 93 页。

② Stuart Hall,"Nicos Poulantzas: State, Power, Socialism", *New Left Review*, Vol.11, No.9, 1980, p.69.

第二章　权力与国家

第一节　国家相对自主性的起源

一、国家与社会

马克思通过批判黑格尔的法哲学与国家学说逐步确立了唯物史观，在对国家问题的研究与分析中，运用历史唯物主义展现了社会历史的运动和发展规律，将唯物主义与辩证法有机统一起来，历史唯物主义也成为马克思和恩格斯理解和分析国家问题的根本方法。

（一）从政治解放到社会解放

马克思在青年时期就开始关注个人的自由和平等，但在当时他还是站在资产阶级自由与平等的角度上反对普鲁士国家的专制制度，是追求理性人的政治解放。之后，马克思意识到人在社会中的状况很大程度上受到经济条件和利益的制约，关于人的自由和平等问题不仅是一个政治问题，也是一个经济问题，这使得马克思超越了资产阶级的理性国家观，尤其是通过研究《林木盗窃法》以及深入了解莫塞尔河地区农民的生活现实情况，马克思从对抽象的政治观念逐步转向了对现实的经济要素的研究，而在自由与平等这一问题上，马克思由研究抽象的、法律上的人开始转向现实的具体的人。

在《论犹太人问题》中，马克思进一步分析了政治解放的局限性。这体现在，一方面，政治解放会导致个人生活与人的类生活相分离。“在政治国家真正形成的地方，人不仅是在思想中，在意识中，而且在现实中，在生活中，都过着双重的生活——天国的生活和尘世的生活。前一种是政治共同体中的生活，在这个共同体中，人把自己看做社会存在物；后一种是市民社会中的生活，在这个社会中，人作为私人进行活动，把他人看做工具，把自己也降为工具，并成为异己力量的玩物。”①也就是说，人在政治国家中的生活不同于市民社会中的生活，人在政治共同体这个维度中的生活是抽象的，而在市民社会中的生活是现实的，政治解放只能让彼此分隔。另一方面，政治解放虽然让人不再受到政治上的奴役，但是却使人被金钱和利益所驱使。政治解放在给予人平等地位和权利的同时，非但无法解决市民社会中人的孤立性和利己性，反而还在自由竞争的条件下让人与人之间变得更为自私和分离，人最终为利益驱使，成为金钱的奴隶。在马克思看来，这种政治解放不是真正的人类解放，马克思从关注政治解放转向到人类解放，以人类解放为基本宗旨，是看到了人在政治国家与市民社会中的区别，与政治解放相联系的国家问题也由此成为马克思深入考察的对象。

（二）对国家的考察要深入到市民社会

马克思在《黑格尔法哲学批判》里得出“市民社会决定国家”②的重要结论。他认为黑格尔将国家观念作为主体的唯心主义看法是对市民社会与国家现实关系的颠倒，国家的真正基础是市民社会，只有市

---

① 《马克思恩格斯文集》第1卷，人民出版社2009年版，第30页。

② 《马克思恩格斯选集》第1卷，人民出版社2012年版，第865页。

民社会才能作为现实的活动主体，家庭的自然基础以及市民社会的人为基础构成真正意义上的政治国家。在唯物史观的基础上，马克思通过对黑格尔的批判，指出国家是由社会的矛盾运动所决定的，是不以人的主观概念和想法为转移的客观的关系，它受制于生产力的进步以及生产关系的发展。换言之，马克思把市民社会看作生产关系（交往关系）的同类概念，是政治与国家等上层建筑的基础。而马克思也指出人民才是国家的基础，而非黑格尔所说的理性，不是国家制度创造了人民，而是人民创造了国家制度。作为上层建筑的国家制度是抽象的，而人民是现实的具体的活动主体，是人民构成的市民社会创造了国家。

而到了《1844年经济学哲学手稿》那里，马克思深化了"物质生活才是国家的基础"的论断，指出国家和法律作为生产的一种特殊方式，由生产的普遍规律决定，人的现实基于私有财产的构成。"真正的市民社会只是随同资产阶级发展起来的；但是市民社会这一名称始终标志着直接从生产和交往中发展起来的社会组织，这种社会组织在一切时代都构成国家的基础以及任何其他的观念的上层建筑的基础"①，这是马克思和恩格斯在《德意志意识形态》中所表述的国家观，可以看出，此时他们对市民社会的理解已经与历史唯物主义紧密相连。马克思在《〈政治经济学批判〉序言》中总结了历史唯物主义的国家观："法的关系正像国家的形式一样，既不能从它们本身来理解，也不能从所谓人类精神的一般发展来理解，相反，它们根源于物质的生活关系，这种物质的生活关系的总和，黑格尔按照18世纪的英国人和法国人的先例，概括为'市民社会'，而对市民社会的解剖应该到政治经济学中去寻求。"②这就意味着，马克思的国家观经历了从对黑格尔精神自身发展的批判到历史唯物主义的根本蜕变，由此马克思发现要从政治经济学也就是物质生活的具体现实中去探求国家本质和职能。

---

① 《马克思恩格斯选集》第1卷，人民出版社2012年版，第211页。

② 《马克思恩格斯选集》第2卷，人民出版社2012年版，第2页。

二、国家的阶级性

(一)阶级是连接社会与国家的桥梁

国家作为社会发展到一定阶段的产物,正如恩格斯对社会发展所概括的那样:"我们视之为社会历史的决定性基础的经济关系,是指一定社会的人们生产生活资料和彼此交换产品(在有分工的条件下)的方式。因此,这里包括生产和运输的全部技术。这种技术,照我们的观点来看,也决定着产品的交换方式以及分配方式,从而在氏族社会解体后也决定着阶级的划分,决定着统治关系和被奴役关系,决定着国家、政治、法等等。"①社会历史的推进和发展是由物质条件经济基础最终决定的,而经济关系又是由产品的生产、交换以及分配方式支配,随着私有制的出现,社会中人与人的关系划分了阶级,并在氏族解体之后阶级矛盾由此影响并决定着国家等上层建筑。因此,阶级成为连接社会与国家的桥梁。那么,该如何理解阶级这个范畴呢?

第一,阶级是一个经济范畴,阶级现象表现为一种经济现象,它体现了物质关系和特定的生产方式。马克思透过国家的政治表象看到了社会的经济本质,而阶级就是连接二者的重要纽带。阶级矛盾和阶级对立的发生是以物质生产以及物质交换所形成的经济为前提的,正是随着生产力发展、生产关系的不断变化,出现了劳动分工以及私有制,产生并区分了阶级,也造成了阶级矛盾和阶级对立。在马克思看来,阶级的划分是依据人的经济属性,即作为经济关系的产物,也是劳动分工和私有制的结果。

第二,阶级是一个政治范畴,阶级从开始产生就伴随着斗争和对抗。阶级斗争的目标是夺得政治权力,因为政治权力可以维护阶级自身的利益,阶级通过政治表达自身的利益,统治阶级夺得政治权力以被统治阶级的服从为目的,从而达到对社会的统治。"一切阶级斗争

① 《马克思恩格斯选集》第4卷,人民出版社2012年版,第648页。

都是政治斗争”[①]就是针对国家政权问题，阶级斗争是为夺取政治权力，目的是维护其自身的阶级利益。在阶级社会，对政治权力的争夺是实现自身意志和利益的目标，最终会发展成为政治斗争。

第三，阶级也是一个历史范畴，阶级的存在并不短暂，它源于人类社会的生产力发展水平的不足。“社会分裂为剥削阶级和被剥削阶级、统治阶级和被压迫阶级，是以前生产不大发展的必然结果。……这种划分是以生产的不足为基础的，它将被现代生产力的充分发展所消灭。”[②]恩格斯的这段话表明，生产力发展的不足会引起在一定进程内阶级斗争的社会现实，阶级的消亡需要消灭剥削阶级和制度，而只有生产力的高度发展才会消灭阶级差别和阶级，从而消灭国家达到共产主义社会。

综上所述，阶级分析为考察国家和社会提供了一个总体性的视野。通过阶级视角我们发现，国家以社会为基础，是阶级斗争的必然产物，而社会则是在生产力发展水平不高的一定阶段内表现为阶级的分裂，阶级成为连接国家和社会的桥梁和纽带。

（二）国家源于阶级之间不可调和的矛盾

根据马克思和恩格斯的分析，在人类社会早期生产力水平非常落后的情况下，人们为了生存和繁衍组织上采取了集体的氏族生活，彼时并没有阶级和剥削现象，在经济上体现为原始公有制。而随着社会生产力的提高、新的生产工具的诞生以及社会分工的出现，社会产生了阶级分化并出现了家庭和私有制，贫富的差别也导致奴隶主与奴隶阶级的产生，原始公有制日渐瓦解。而这种阶级的差别逐步扩大，氏族的管理机构也发生了变化，由“人民意志的工具”变成“统治自己人民的机关”[③]。这样一来，原始的民主制度被彻底摧毁，氏族制度被劳

① 《马克思恩格斯选集》第 4 卷，人民出版社 2012 年版，第 258 页。
② 《马克思恩格斯选集》第 3 卷，人民出版社 2012 年版，第 669 页。
③ 《马克思恩格斯选集》第 4 卷，人民出版社 2012 年版，第 181 页。

动分工和阶级所粉碎。这表明,国家起源于社会,是社会阶级矛盾不可调和的产物。

(三)国家是经济上的统治阶级维护自身利益的工具

恩格斯在《家庭、私有制和国家的起源》中指出:"国家是从控制阶级对立的需要中产生的,由于它同时又是在这些阶级的冲突中产生的,所以,它照例是最强大的、在经济上占统治地位的阶级的国家,这个阶级借助于国家而在政治上也成为占统治地位的阶级,因而获得了镇压和剥削被压迫阶级的新手段。"[①]换言之,统治阶级就是经济上占统治地位的阶级,即古代农奴制国家是用奴隶主统治奴隶,封建制国家是封建贵族统治农民,现代资本主义国家是资本家统治工人。不难发现,经典马克思主义是从阶级统治工具的角度来分析国家的本质的,这种观点也被认为是"国家工具说"。这种说法表明了国家的存在是统治阶级利用其掌握政治的权力维护和实现本阶级的利益,它是一个阶级组织,它作为社会整体的代表,是特定时代下统治阶级利益的体现。也就是说,在马克思和恩格斯看来,国家的本质是经济上占统治地位的阶级为了本阶级的根本利益,对被统治阶级实行统治的工具。

三、国家的相对独立性

(一)国家——虚幻的共同体

马克思和恩格斯认为,原始社会生产力的发展、分工以及私有制的出现使得个人利益与建立在人相互交往之上的群体的共同利益之间发生了矛盾,而阶级的产生更是让人们的相互交往间所产生的共同利益逐步消失并转化,变成个人利益与经济上占优势地位并夺取政治权力的统治阶级代表的社会公共利益之间的矛盾。而为了维护这种

① 《马克思恩格斯选集》第4卷,人民出版社2012年版,第188页。

统治阶级代表的社会公共利益，它就需要以更强大的权力即诉诸国家的身份进行管理，也就是说以国家权力这种特殊的公共权力进行维护和统治，这样一来就使得公共利益与实际的统治阶级利益相脱离，国家成为体现公共利益的虚幻的共同体。

正如马克思和恩格斯所言："国家内部的一切斗争——民主政体、贵族政体和君主政体相互之间的斗争，争取选举权的斗争等等，不过是一些虚幻的形式——普遍的东西一般来说是一种虚幻的共同体的形式——，在这些形式下进行着各个不同阶级间的真正的斗争。"[①]在他看来，阶级要想成为统治的阶级，纵使像无产阶级那样推翻一切旧的统治，也都得在初期将自身的阶级利益宣扬为普遍的共同的利益，为的就是要取得政权。由此可见，国家所体现的形式并不是统治阶级直接组织管理，而是代表着一种社会共同体，它以国家的身份管理全体国民，它包含了统治阶级统治其他一切阶级，然而这种社会共同体在马克思和恩格斯看来并非国家的真正本质，因为它掩盖了国家的阶级性，隐藏了阶级专政的国家本质特征，因此国家是虚幻的共同体。

（二）公共权力的相对独立性

由于个人利益与公共利益的追求不同，公共利益在人民大众看来只是一种特殊的（代表统治阶级的）"普遍"利益。这种代表公共利益的公共权力于是被认为是某种异己的、非自身联合的权力。国家凭借"与人民大众分离的公共权力"对特殊利益实行干涉和控制，而这种异己的公共权力使得国家具有相对于社会的独立性。

正如马克思在《法兰西内战》中分析的那样，国家机关和国家政权的存在是为了追求阶级自身的特殊利益，这是国家的阶级性本质特征决定的，这些特殊的机关设立初衷只是为了谋求共同的利益，然而随着分工和私有制的发展，阶级的产生让共同利益成为统治阶级本身所代表的特殊的"普遍"利益，为维护这种利益它通过国家的公共权力对

---

① 《马克思恩格斯选集》第1卷，人民出版社2012年版，第164页。

其他阶级的特殊利益进行约束和干涉，这样一来，国家机关的角色发生了转变，它们由“社会的公仆”转变成为“社会的主人”[①]。马克思举例说明了这种情况不仅发生在世袭的君主制国家，也同样发生在像美国这样的民主共和国。美利坚合众国在建国时并没有像其他欧洲国家那样具有贵族和王朝的封建束缚，只有为数不多的士兵用于提防印第安部落种族，因此自然也没有臃肿庞杂的官僚佣金和爵位俸禄。但是，共和党和民主党作为两大主要的资产阶级帮派，依然能够通过政治手段和投机来达到轮流执政的结果，他们宣扬“为这片自由领土上的人民服务”，但事实上不过是资产阶级变相剥削普罗大众的表现。马克思批判美国轮流执政的两党政治实质只是为谋求本党利益进行操纵的生意，揭露了资产阶级政治家们作为国民中的权势阶层是如何运用国家公共权力的这种独立性统治社会的。

历史唯物主义在认为国家具有独立性的同时也指出国家的独立性是相对的，它受到社会的制约。在《哥达纲领批判》里马克思曾批判德国工人党的国家观彻底脱离了社会现实，“它对社会主义思想领会得多么肤浅；它不把现存社会（对任何未来的社会也是一样）当做现存国家的（对未来社会来说是未来国家的）基础，反而把国家当做一种具有自己的‘精神的、道德的、自由的基础’的独立存在物”[②]。而恩格斯也认为，即便是在生产力比较发达的大工业现代社会，国家也不是独立的存在物，它依赖于社会的经济生活条件，一切争取解放的政治阶级斗争归根结底是围绕经济解放进行，国家以集中的形式反映了社会的经济需要。因此在这个意义上，国家的独立性只是相对的独立性。

（三）国家的阶级性与相对独立性之间的关系

尽管马克思和恩格斯在论述国家的本质时持有国家工具说，认为“国家是阶级统治的工具”，但是并没有因此就忽视了国家的相对独立

① 《马克思恩格斯选集》第3卷，人民出版社2012年版，第54页。
② 《马克思恩格斯选集》第3卷，人民出版社2012年版，第373页。

性特征，国家的阶级性与相对独立性之间并非完全对立的关系，“马克思和恩格斯并不仅仅把国家作为统治阶级的工具，或者是它的完全被动的简单反映，而是把国家作为一种复杂的工具。所有这些关于工具、反映等等的隐喻，只是作为一种近似的、简化的、启示性的论述出现的”[①]。哈尔·德雷珀的这段评论启示我们，不能把历史唯物主义的国家观简单地视为工具论，也不能将国家看成具有完全脱离社会现实的独立存在，而是要更为全面地理解国家的阶级性与独立性之间的关系。

首先，国家的相对独立性表现为一定程度上掩盖了国家的阶级性本质。恩格斯在《路德维希·费尔巴哈和德国古典哲学的终结》中指出，统治阶级通常是运用国家的独立性执行政治统治，国家在产生之初呈现出意识形态的支配者地位，国家政权就是为维护自身的利益免受侵犯而设立，是独立于社会的。这样一来，统治阶级与被统治阶级之间的阶级斗争就转变成为政治斗争，而关于这种斗争背后的经济基础则被逐渐隐藏以至消失。恩格斯分析说，经济基础的这种模糊性表象是通过国家作为独立于社会的力量所产生的意识形态功能达到的，一是靠法律形式，二是靠哲学与宗教，它们使得观念同自身的物质存在条件的联系愈发错综复杂，这些中间环节使得政治斗争、意识形态与经济基础的联系模糊起来，国家的阶级性也就被国家的相对独立性掩盖隐藏起来。国家虽然是统治者的阶级工具，但是以共同体的形式表现出来，使得国家相对独立于社会。

其次，国家的阶级性需要依靠国家职能来执行和实现。国家作为阶级本质的实现，需要建立国家机构来实现统治和管理。在维护统治上，“到目前为止在阶级对立中运动着的社会，都需要有国家，即需要一个剥削阶级的组织，以便维护这个社会的外部生产条件，特别是用

---

① Hal Draper, *Karl Marx's Theory of Revolution*, Vol. 1: *State and Bureaucracy*, New York & London: Monthly Review Press, 1977, p.319.

暴力把被剥削阶级控制在当时的生产方式所决定的那些压迫条件下”①,国家暴力机关则是镇压被统治阶级反抗的物质承担者,同时也用于维持社会和生产秩序的公共权力;在社会管理上,国家的管理权力以一种独立于社会的公共权力调和阶级矛盾,有效地维护特殊利益和社会的公共利益,然而从根本上说依然是为统治阶级服务,所以国家的政治统治与社会管理在职能上是相辅相成的,社会管理是维持政治统治的基础,社会管理的执行又取决于政治统治,国家的阶级性得以在国家的这两种职能的相互作用下实现。

最后,生产力的高度发展最终将消灭阶级对立,公共权力也将由少数人转到社会全体成员,国家消亡,最终成为自由人的联合体。一方面,生产力的高度发展会使产品极大丰富,人们的需求得到满足,同时各个阶级之间也实现了经济政治地位的平等,阶级特性随之消失。另一方面,由于社会产品的富足,劳动者成为产品的占有者以及生产的管理者,由此带来道德和观念水平的提高,包括管理社会事务等各个方面的能力得到全面发展。阶级的消失使得国家的政治权力也失去存在价值,而国家的产生恰恰由于公共权力独立于社会,当公共权力从少数的统治者回归到全体社会成员手中,国家权力将不再与社会分离而是融合,这时国家将会消亡,国家的命运在历史唯物主义者眼中将会是被自由人的联合体所代替,这即是历史唯物主义国家观中国家自行消亡而形成的自由人的联合体社会。

第二节　资本主义国家的相对自主性与权力统一

一、国家的相对自主性

“国家相对自主性”(relative-autonomy)是普兰查斯国家理论中提

① 《马克思恩格斯选集》第3卷,人民出版社2012年版,第668页。

出的基本范畴，它表示的是资本主义国家具有相对于统治阶级的自主性权力，主要体现于阶级实践和阶级斗争方面。学界通常认为是普兰查斯最早提出并使用这个概念，然而事实上，这个术语早在阿尔都塞的哲学中就已提出，作为学生的普兰查斯将其发挥运用于资本主义国家和阶级的研究中，使这个概念生发出当代政治哲学的内涵。在普兰查斯看来，马克思和恩格斯对波拿巴主义国家相对独立性的分析给予他极大的启发，他在经典马克思主义论述的基础上对国家的独立性进行了改造，使其变成了具有普遍意义的相对自主性概念。

（一）相对自主性概念的起源

阿尔都塞最早使用“相对自主性”这个概念来表示上层建筑尤其是政治和意识形态领域具有相对于经济基础的多元决定作用。一方面，相对自主性概念的提出旨在反对当时人本主义从主体意识角度所倡导的一元经济决定论思想；另一方面，阿尔都塞是以结构主义的方式分析上层建筑和经济基础的作用，正如《保卫马克思》里所说，“生产方式是决定性因素，同时上层建筑也具有相对自主性”①，他强调了结构内部的政治和意识形态上层建筑的多元决定作用，因此本身具有结构性意义。

普兰查斯虽然沿用了阿尔都塞的“国家相对自主性”概念，但是其内容已然发生了变化。这主要体现在：首先，“相对自主性”概念从结构关系进一步扩展至阶级实践方面，因为在普兰查斯看来，仅仅把握国家自主性的结构性关系是不够的，还需要进一步扩展到阶级斗争的实践领域，尤其是国家对权力集团的阶级与派别以及其所有的联盟的自主性关系。其次，与阿尔都塞反对经济决定论不同的是，普兰查斯是以反对国家工具论的“简单化”和“庸俗化”为目的的。最后，普兰查斯把国家相对自主性限定在资本主义国家这样一个特定的历史条件下，而关于这一点阿尔都塞只是作为生产方式的共同特征来论述，“我

---

① [法]路易·阿尔都塞：《保卫马克思》，顾良译，商务印书馆2006年版，第101页。

强调资本主义特定生产方式下的政治和经济的分离，而阿尔都塞只是从本质上去理解它”[①]，这就意味着普兰查斯对国家相对自主性的分析只在资本主义生产方式下探讨。

尽管“自主性”这个词并没有被马克思和恩格斯所使用[②]，但是普兰查斯从他们关于国家的相对独立性的论述里得到了概念的启发。一方面，马克思和恩格斯对国家的相对独立性的阐释表现了上层建筑对经济基础的一种反作用。正如恩格斯所言：“经济运动会为自己开辟道路，但是它也必定要经受它自己所确立的并具有相对独立性的政治运动的反作用，即国家权力的以及和它同时产生的反对派的运动的反作用。”[③]除了相对于社会的独立性，作为上层建筑的国家还具有实现政治统治和社会管理的职能，而这些对经济基础具有能动的反作用。因此，阿尔都塞在这个意义上认为，马克思在告诉人们经济起决定作用的同时也指出了上层建筑具有相对自主性。另一方面，马克思和恩格斯在研究资本主义国家的相对独立性问题时还探讨了“例外情形”下的国家相对独立性，即对法国的波拿巴主义以及德国的俾斯麦主义的分析，这种例外情况实质上是因为斗争中的各个阶级在力量上处于“均势”，而普兰查斯正是从这种特殊的“例外情形”中获得了启发。

（二）例外情形的国家相对独立性

如前文所述，马克思和恩格斯不仅从国家与社会的关系层面上研究了国家的相对独立性，而且他们还从阶级力量的均势出发分析了作为例外情形的国家相对独立性状况，其中关于法国的波拿巴主义和德国的俾斯麦主义国家的探讨为普兰查斯提供了思想资源。

---

① Nicos Poulantzas，“The Capitalist State：A Reply to Miliband and Laclau”，*New Left Review*，Vol.95，No.1，1976，pp.63-83.

② 阿尔都塞和普兰查斯用的是“自主性”（autonomy），而马克思和恩格斯用的则是“独立性”（independence）这个词，用以表述国家相对于阶级的外在关系。

③ 《马克思恩格斯选集》第4卷，人民出版社2012年版，第609～610页。

1.波拿巴主义国家的相对独立性

马克思分析了法国波拿巴主义国家的相对独立性，这主要体现在《路易·波拿巴的雾月十八日》和《法兰西内战》两部著作中。他首先分析了波拿巴能够当选总统的理由。在马克思看来，波拿巴能够当选总统主要是受到农民阶级、军队、大资产阶级、无产阶级以及小资产阶级的支持。然而，他并不代表各个阶级的利益，他代表的只是流氓无产阶级的利益，这种流氓无产阶级的国家似乎独立于各个阶级之上，但在马克思看来，这种国家权力还代表了法国社会人数最多的小农阶级，而小农的政治影响表现为行政权支配社会。

马克思认为，波拿巴主义所表现的国家形式是行政国家，这与议会制共和国的区别在于，国民放弃了自己的意志，服从于权威和他人意志的指挥，它所表现的不是国民自治而是受人统治，到了第二个波拿巴统治政权阶段，国家才具有了独立的性质。也就是说，波拿巴这个政权的阶级实质，在马克思看来，一方面它作为一种已经成为独立力量的行政权自命为保障"资产阶级秩序"的使命，尤其是维护资产阶级里中间阶级的利益；另一方面，它又认为自身的政权并非属于资产阶级，而是农民和人民的政权。马克思认为这种相互矛盾的结果，只是作为资产阶级失去国家统治的能力而无产阶级尚未具备统治管理的一种可能形式。波拿巴主义国家是对资产阶级议会统治的颠覆，使得本来应当作为统治阶级工具的国家似乎成为完全独立的东西。"它不再是一个从属于议会内阁或立法议会的阶级统治工具。国家政权的最后、最高的表现就是第二帝国：它甚至于践踏统治阶级的利益。"①虽然马克思在这里强调了波拿巴政权这种似乎凌驾于一切阶级之上的完全独立性，然而我们应该看到，这其实只是一种形式上的描述，与马克思的阶级观并不矛盾。因为在马克思看来，波拿巴主义国家依然具备资产阶级统治的性质。一方面，波拿巴主义的政治权力尽管在形

①　《马克思恩格斯选集》第3卷，人民出版社2012年版，第137页。

式上经过了选举投票，但值得注意的是，这些投票者并不是由革命的农民构成，而是一些并不想放弃现有的小块土地而是想巩固条件增加利益的保守的农民，因此并不能代表真实的社会阶级。另一方面，波拿巴清楚自己的政治权力的经济基础在资产阶级，马克思认为二者在经济利益上是共同的，“法国资产阶级的物质利益恰恰是和保持这个庞大而分布很广的国家机器最紧密地交织在一起的。它在这里安插自己的多余的人口，并且以国家薪俸形式来补充它用利润、利息、地租和酬金形式所不能获得的东西”①。这就意味着，波拿巴主义国家是为资产阶级服务，同时资产阶级也利用这个国家机器从中获取利益。因此，马克思说波拿巴主义的国家正是资产阶级创造的，它并没有帮助所有阶级，而是只利于那些有产阶级而已。

此外，按照马克思的观点，波拿巴主义国家之所以能够建立，主要原因在于无产阶级和资产阶级的势均力衡。正是因为这种“均势”，使其具有了凌驾于各个阶级之上的独立权力。波拿巴主义的统治只是暂时性地中止了某些阶级的流血冲突，这些阶级企图夺取或者保住政权，然而其中并没有一个阶级有足够的能力或优势去发动一次胜利的新战斗。也就是说，波拿巴并没有取消阶级斗争，他只是利用党派之间的敌对关系使其精疲力尽，在一定的范围内限制阶级斗争防止局势升级，造成彼此之间势力均衡无法形成真正的革命力量，所以马克思认为波拿巴主义国家是一种阶级斗争力量上的均势，只能作为“例外情形”，并不具有普遍意义。

2.德国俾斯麦主义国家的相对独立性

恩格斯在《论住宅问题》里对德国俾斯麦主义国家的相对独立性进行了分析。德国除了旧专制君主制的基本条件，也就是土地贵族和资产阶级的势力是均衡的情况之外，无产阶级的力量日益壮大，近乎与资产阶级持平，“在普鲁士——而普鲁士现在起着决定性的作

① 《马克思恩格斯选集》第1卷，人民出版社2012年版，第708页。

用——同仍然强有力的大地主贵族相并存的，还有一个比较年轻和极其胆怯的资产阶级，它至今既没有像在法国那样争得直接的政权，也没有像在英国那样争得或多或少间接的政权。但是，跟这两个阶级并存的，还有一个人数迅速增加、智力十分发达、一天比一天更加组织起来的无产阶级”①。这就形成了与波拿巴主义一样的均势条件。这种均势导致出现了独立于社会之上的国家政权，俾斯麦利用资产阶级遏制无产阶级，并对封建容克利益给予关照，在政策和经济问题上，愈发受到资产阶级影响。显然，面对资产阶级日益的腐蚀，这样一个非资产阶级国家恐怕无法真正有效地解决现实的社会矛盾。在恩格斯看来，俾斯麦主义不过是旧专制君主制与波拿巴主义的结合，国家的政治权力实际上被官吏掌握在特殊阶级手里，因此产生了国家独立于社会的假象。

马克思也认为俾斯麦国家应该划入波拿巴主义国家类型中，尽管德国没有发生像法国大革命那样的激进运动，加上面临反封建的任务，使得阶级形势更为严峻复杂，但是俾斯麦国家具有“既是旧专制君主制的现今的解体形式，也是波拿巴主义君主制的存在形式”②的特征，这一点与波拿巴主义国家的均势特征相同，因此也可以看成是波拿巴主义国家类型。

3.马克思和恩格斯对“例外情形”国家相对独立性的总结

针对波拿巴主义国家的独立性，马克思用“拿破仑观念”进行了总结：“拿破仑观念”首先是让法国封建农民拥有小块土地，其次是拥有强力不受约束的政府，然后是利用教士作为政府统治的工具，最后是利用军队所具有的优势地位。一方面，马克思认为波拿巴主义国家的独立性是一种假象，“一切‘拿破仑观念’都是不发达的、朝气蓬勃的小块土地所产生的观念；对于已经衰老的小块土地说来，这些观念是荒谬的，只是它垂死挣扎时的幻觉，只是变成了空话的词句，只是变成了

① 《马克思恩格斯选集》第3卷，人民出版社2012年版，第240页。

② 《马克思恩格斯全集》第18卷，人民出版社2016年版，第289页。

幽灵的魂魄"①。另一方面,马克思也认为波拿巴主义解放了民众的传统束缚,表现了国家权力与社会的对立,这对当代法国是必要的。马克思还预测了波拿巴主义国家因为小块土地所有制日益解体而最终坍塌的未来命运。

恩格斯在俾斯麦事变后曾写信给马克思,把波拿巴主义看作是"现代资产阶级的真正的宗教"②。他认为,波拿巴主义的半专政形式较为容易发生在没有寡头政治替代资产阶级统治与管理社会的国家,它的存在本身带有双重矛盾:它既不会让资产阶级亲自参与管理统治,有时甚至会背离资产阶级的意愿;但与此同时,这种形式又得把资产阶级利益称为自身的利益。事实上,恩格斯虽然看到了波拿巴主义的这种普遍性,但认为这只是在一定历史阶段中所发生的跨越地理区间的资本主义政治现象,并不具有真正意义上的普遍性,实质上是坚持了从"均势"条件看待国家独立性,这种情况在马克思和恩格斯看来会很快被打破,因为随着无产阶级斗争的持续和进行,"随着小块土地所有制日益加剧的解体,建立在它上面的国家建筑物将倒塌下来"③。

总而言之,马克思和恩格斯将波拿巴主义国家的相对独立性作为一种暂时性的、具有过渡性质的例外情形进行研究,他们把均势作为波拿巴主义国家独立于统治阶级的条件并认为会很快被突破。他们认为国家权力并非从真空中构建与获得,现实的社会才是国家的基本要素,国家归根结底要受社会条件的限制,所以国家的相对独立性只是相对而言的。然而马克思和恩格斯在分析这些情况时所体现出的思想却为普兰查斯提供了理论资源,比如政治权力和经济权力错位,资产阶级无法独占统治,这些现象让普兰查斯从特殊的国家相对独立性进一步演变为普遍的资本主义国家的相对自主性。

① 《马克思恩格斯选集》第1卷,人民出版社2012年版,第768～769页。

② 《马克思恩格斯全集》第31卷,人民出版社2016年版,第209页。

③ 《马克思恩格斯选集》第1卷,人民出版社2012年版,第769页。

(三)从例外的独立性到普遍的自主性

在普兰查斯看来,马克思和恩格斯关于国家相对独立性的分析是以国家与社会的对立为基础进行分析的,他们把波拿巴主义国家的相对独立性看作是一种特殊和例外的情形,即把波拿巴主义的基本条件归因于阶级势力的均衡,并认为这种条件是暂时性的。对此,普兰查斯运用了结构主义的方法将马克思和恩格斯的特殊"均势"条件的独立性转换为资本主义国家类型的普遍自主性,他从资本主义生产方式的角度为国家相对自主性寻求结构主义的出处。

普兰查斯认为,国家与社会的对立之处是由于阶级斗争的范围内资本主义生产方式各个环节自主而产生的。"国家与社会之间的对抗,意味着政治对经济的分别自主的错位,意味着国家对'分离的'经济方面的阶级斗争的错位。"[①]也就是说,国家与社会的对立是国家在政治上对占统治地位的阶级的自主性,国家在与这些阶级的相对自主性基础上产生与这些阶级之间的政治关系,而与这些阶级的经济利益没有直接联系,因为在国家制度中各阶级的生产者是作为人民体现的。资本主义的结构性特征就是劳动者和劳动资料的分离,这种分离对于政治和经济关系产生了重大的影响。在前资本主义社会中,劳动者和劳动资料直接结合在一起,剩余价值的榨取采取的是一种超经济的强制,政治和经济紧密地结合在一起,须臾也不能分离;而在资本主义条件下,剩余劳动的新的榨取方式要求打破人身依附以及严格的政治控制,政治可以在形式上和经济社会相疏离,这就赋予了国家的政治法律上层建筑以相对生产关系的一种特殊自主性。普兰查斯是从结构主义的角度上理解马克思和恩格斯所说的资产阶级出现政治权力与社会权力的错位关系。

普兰查斯认为马克思和恩格斯国家学说中关于国家自主性问题

---

① [希腊]尼科斯·波朗查斯:《政治权力与社会阶级》,叶林等译,中国社会科学出版社1982年版,第318页。

并不总是很明确，尤其是在分析现实问题的时候，对一些概念诠释得还不够清楚。因此，普兰查斯首先对波拿巴主义进行了进一步的解释。他区分了波拿巴主义，一种是具体的形式，另一种是资本主义国家的制度化特征。作为具体形式和现实事件的波拿巴主义是对具体的政治现象的分析，而后者则是指国家相对于统治阶级的自主性。马克思和恩格斯通过运用阶级斗争的"均势"来解释波拿巴主义国家的相对独立，而这种解释无法分析资本主义国家类型的组织特征的自主性。普兰查斯认为恩格斯在波拿巴事件后称其为"现代资产阶级的真正的宗教"，加上《路易·波拿巴的雾月十八日》第三版序言中称波拿巴主义为"现代阶级斗争的一种总的政治形式"的说法①，表明波拿巴主义不仅仅是一种具体形式，而是一种制度上的理论特征。"这种具体形式是属于资本主义国家类型的——这种国家提供了其作为概念的制度上的特点的这种相对自主性。"②所以，对于马克思和恩格斯的这种理解要从波拿巴主义的本质特征上分析，而不是停留在现象描述的层面。

在俾斯麦主义问题上，普兰查斯认为俾斯麦主义是普鲁士从封建主义生产方式转向资本主义生产方式的过渡时期的一种特殊的国家自主性。他反对以均势的观点看待这种自主性，"国家结构的自主性允许以巩固正在兴起的资产阶级经济统治，并以把它抬高到政治统治的方式，来完成从封建主义到资本主义的过渡，以反对封建阶级的政

① 在《路易·波拿巴的雾月十八日》第三版序言中，恩格斯这样写道："法国是这样一个国家，在那里历史上的阶级斗争，比起其他各国来每一次都达到更加彻底的结局；因而阶级斗争借以进行、阶级斗争的结果借以表现出来的变换不已的政治形式，在那里也表现得最为鲜明。法国在中世纪是封建制度的中心，从文艺复兴时代起是统一的等级君主制的典型国家，它在大革命中粉碎了封建制度，建立了纯粹的资产阶级统治，这种统治所具有的典型性是欧洲任何其他国家所没有的。而正在上升的无产阶级反对占统治地位的资产阶级的斗争，在这里也以其他各国所没有的尖锐形式表现出来。"(《马克思恩格斯选集》第1卷，人民出版社2012年版，第666～667页)

② [希腊]尼科斯·波朗查斯：《政治权力与社会阶级》，叶林等译，中国社会科学出版社1982年版，第292页。

治统治"[①]。这样一来，普鲁士国家才有了针对封建阶级政治统治的一种自主性，而这种自主性不能贬低为在土地贵族与资产阶级之间的一种力量平衡。这里普兰查斯运用了结构主义的方法，强调从结构内部出发来分析俾斯麦主义，即要看到这种特殊的社会形态中的生产方式错综复杂而产生的各环节之间、环节与阶级斗争之间的关系。

总而言之，普兰查斯对于马克思和恩格斯对波拿巴主义的"均势条件说"加以改造，认为从具体条件上来分析国家相对自主性不是本源性的追溯，而国家相对自主性归根结底在于资本主义生产方式的特殊性结构。也就是说，国家相对自主性与这种资本主义生产方式是联系的，满足"劳动者和劳动资料分离"条件的国家都会具有国家相对自主性。这样一来，普兰查斯就把马克思和恩格斯的国家独立性作为例外情形的观点转化成国家自主性作为资本主义国家类型所具有的普遍特性。当然，他的观点是与其结构主义的方式分不开的。对此，米利班德曾指出，在马克思的学说里波拿巴主义并不具备制度性特征，而是将它仅仅作为例外的均势情况，是资产阶级无力掌权而无产阶级尚未掌权的特殊时期的现象。普兰查斯没有否认这个特殊存在，但更着重于认为这是马克思的理论而不是历史现象，"这是由于方法论上的不同造成的，他的结构主义方法总会抛开具体的、历史的现象从而发现制度化的理论与结构"[②]。或许普兰查斯对经典文本某种程度上作了过度解读，然而却给我们提供了一个值得思考的视角。

二、国家的权力统一与相对自主性

按照普兰查斯的观点，资本主义国家的权力统一与相对自主性是资本主义国家最重要的特征。"权力统一"是指资本主义制度化政治

① ［希腊］尼科斯·波朗查斯：《政治权力与社会阶级》，叶林等译，中国社会科学出版社 1982 年版，第 304 页。

② Ralph Miliband, "The Capitalist State: Reply to Nicos Poulantzas", *New Left Review*, Vol.59, No.1, 1970, pp.53-60.

权力的统一,即资本主义国家制定国家权力的各种制度(这些制度就经济方面来说具有相对的自主性)的那个特征,提供了一种特殊的内部调和作用。也就是说,制度化权力是不能被分摊和分享的,无论是权力集团的内部各派别①之间、这种内部各派别与其他同盟阶级之间还是统治阶级与被统治阶级之间都不能划分国家制度化权力。而"相对自主性"指的是"国家对阶级斗争领域的关系,特别是其针对权力集团的阶级和派别的相对自主性,并扩大到针对权力集团的同盟和支持力量的相对自主性"②。值得注意的是,这不是一种国家与生产关系的直接关系,而是对资本主义形态中各个环节相对自主性的反映。这种权力的统一性与相对自主性的关系,同结构与政治上的阶级实践中关系密不可分。结构相对于经济是自主的,同样政治相对于经济也是自主的。它们互相作用,关系到结构同政治阶级斗争发生关系时的特性。普兰查斯的国家自主性具有两个层面的意义,也就是国家相对于权力集团的自主性以及国家机器和官僚相对于霸主阶级③的自主性。

(一)国家相对于权力集团的自主性

国家的制度化政治权力相对于权力集团来说具有自主性,这主要体现于资本主义国家会以出让部分经济利益的方式维持霸主阶级的政治统治。换言之,国家是政治权力的中心,它可以通过政治运作实现组织统治阶级与削弱被统治阶级的目的。资本主义国家的权力统一性表现在:一是制度化政治权力只能由霸主阶级领导,而不能在权力集团内部各派别之间分享;二是权力集团由霸主阶级实现权力统

---

① 这里的"派别"并不是一般意义上的党派,而是指在阶级这个范围内部不同的集团。

② [希腊]尼科斯·波朗查斯:《政治权力与社会阶级》,叶林等译,中国社会科学出版社 1982 年版,第 285 页。

③ "霸主阶级"在普兰查斯那里,特指经济上占据统治和优势地位的阶级。它与"霸权"一词不同,"霸权"是由意大利政治活动家和马克思主义理论家葛兰西提出,主要用于考察文化与权力之间的关系。

一，也就是说，国家权力由霸主阶级“独占”而没有内部分权。因此，普兰查斯认为，国家自主性的运作是以霸主独占所构成的权力统一为基础，以霸主阶级为国家的一般形式，以当代的国家垄断资本主义为焦点，“当代国家针对统治阶级或派别的这种相对自主，只不过是这种自主所采用的一种具体形式，这种形式对资本主义国家类型来说是很基本的，它在阶级斗争的结构和领域之间的关系中，反映了政治和经济的一种新的连接关系。但是，这种连接关系的前提是，在资本主义生产方式中的政治和经济之间的那种关系类型：它在不变的限制中构成了一种可变物。这种相对自主与过渡中的国家毫无关系，或与各种势力保持平衡的国家毫无关系。换句话说，它并不怀疑当代国家与垄断集团中占统治地位一派之间的深刻关系：恰恰相反，它的前提正是这些关系”①。在这个意义上，普兰查斯认为，《共产党宣言》中所说的国家是管理资产阶级共同事务的委员会，既是正确的，又是不充分的。原因在于那里没有详细阐述国家针对权力集团的复杂作用、国家对霸主阶级或派别的特殊关系，也无法解释这个委员会是如何具体运作的，而垄断集团在资产阶级中是真正具有国家权力的霸主，并且这种政治权力是在其独占中统　的，因此能够发挥阶级派别的组织和管理作用。

波拿巴主义的实例作为马克思分析的模型，在普兰查斯看来与一般的霸主阶级领导和运作模式不同，“它来源于掌权的各阶级和各派别的矛盾，也来源于这些阶级和派别中的任何一个都不能把自己抬高到霸主阶级或派别的地位，所以取得在其保护之下的权力集团的统一”②。也就是说，波拿巴主义政权的形成可以看作是金融资本保护之下的权力集团的解体。国家在一般的霸权模式中其统一性表现在霸

---

① ［希腊］尼科斯·波朗查斯：《政治权力与社会阶级》，叶林等译，中国社会科学出版社1982年版，第307页。

② ［希腊］尼科斯·波朗查斯：《政治权力与社会阶级》，叶林等译，中国社会科学出版社1982年版，第343页。

权阶级自身的独占，国家权力是相对于霸权之外的阶级和权力集团的自主，而波拿巴主义则是表现出国家统一于波拿巴本身，国家政权独立于一切权力集团和派别，即使它服务于整个资产阶级的利益，尤其是服务于金融资本的利益。在普兰查斯看来，马克思和恩格斯把波拿巴主义作为资本主义国家类型的一种特点与内在统一联系起来，这种相对自主性来自它针对权力集团和霸主阶级或派别的功能。也就是说，国家从权力集团或霸主阶级获得的相对自主性，并不依赖于那些统治阶级和派别之间的力量均势与平衡，波拿巴主义虽然不是霸权运作的典型，但是可以理解为一种霸权的错位，"国家的统一和相对自主在国家和政体的各种各样的具体形式中，采取了一些特殊形式(各种不同程度)。这些就是在它那些结构所固定的限度之内的一些变化"①，这就是国家政权既不是由霸主阶级也不是由权力集团掌握，而是被支持阶级的小农所掌握的原因。

(二)国家机器和官僚相对于霸主阶级的自主性

普兰查斯区分了国家权力和国家机器，认为国家机器和霸主阶级之间是一种疏离关系，也就是说，国家机器并不是作为霸主阶级的直接工具，而是体现为以霸主阶级为基础的权力集团的共同统治。霸主阶级可以独占国家权力，但没有独占国家机器。国家与霸主阶级或派别之间的这种特殊关系，绝不是来自国家机器这一阶级或派别的直接依赖。恰恰相反，它与相对自主性是分不开的，国家机器只是执行国家权力的和实现国家权力自主性的物质性机关。

普兰查斯认为国家机器和官僚只是用来执行国家权力的物质载体，国家机器相对于霸主阶级的自主性是由于国家官僚作为相对于权力集团的客观承担者。在霸主阶级与负责管事阶级是同一个的情况下，由于官僚与国家的特殊关系，官僚同意与国家保持一种相对自主

---

① [希腊]尼科斯·波朗查斯:《政治权力与社会阶级》，叶林等译，中国社会科学出版社 1982 年版，第 345 页。

的关系;而在这些阶级之间存在错位的情况之下,它仍然对于霸主阶级具有一种相对自主性,这并不是由于它隶属于一个不同的阶级(即负责理事的阶级),而是由于通过它与国家的关系的媒介而作为一种特殊范畴的特性。也就是说,官僚的作用并非取决于其阶级成分,它的职能不是归于其阶级属性,官僚只是在行使作为人格化的国家机器的职能。官僚能够成为一种特殊范畴,在于其对统治阶级具有相对自主性,它依靠国家机器的具体功能,依靠它与各个阶级、派别之间的复杂关系和一种形态整体中国家的地位。国家机器和霸权之间的相对自主性来自资本主义生产领域的结构性分离,是资本主义国家所独有的特征。

（三）反国家工具论与分权论

普兰查斯反对把国家简单地当作统治阶级工具的庸俗化概念,他认为资本主义国家的首要特征取决于政治和经济斗争方面的特殊自主性,也取决于政治和经济权力以及阶级利益的特殊自主性。“以霸主阶级领导为特点的资本主义国家,并不直接代表统治阶级的经济利益,而是代表它们的政治利益:这种国家是统治阶级的政治权力中心,是组织它们进行政治斗争的媒介。”[①]从这个意义上说,资本主义国家本身具有灵活性特点,所以也就会根据统治阶级的霸主地位保证被统治阶级的经济利益。这种让步在普兰查斯看来是国家职能的一部分。也就是说,国家利用自身的结构性质,在特定情况下维护被统治阶级的经济利益,短时间内或许会违背其统治利益,但从长远来说,是能够给其带来政治效益的,这与其霸主地位也是相符合的。值得注意的是,资本主义国家在这里会“照顾”某些被统治阶级的经济利益,并不能被看成是对统治阶级政治权力的一种限制或约束,这只不过说明国家并不是作为一个阶级工具,毋宁说是国家划分成阶级社会。在资本

①　[希腊]尼科斯·波朗查斯:《政治权力与社会阶级》,叶林等译,中国社会科学出版社 1982 年版,第 207 页。

主义的社会形态中,保证被统治阶级的经济利益是可能的,这种可能是在国家为霸主阶级领导的斗争所提出的限度之内。国家的目的是要在政治上瓦解被统治阶级,而这种经济利益的让渡是维持统治阶级霸主地位的必要手段。也就是说,在一定的限度内,国家维护被统治阶级的利益不仅不会对资产阶级的阶级统治构成威胁,甚至还能够推动二者关系的发展以达到长远的利益和目的。"绝不能把国家贬低为只不过是统治阶级手里的强力机器和工具。强力的这种因素只是作为阶级国家功能作用的一般特征。"①所以,国家权力不是一台机器或工具,更不是各阶级都可以轻易获得的目标。

此外,普兰查斯还评析了分权论的问题。他指出,资本主义国家可以起到权力集团的政治组织者的作用,这是因为资产阶级与各个派别无法发挥一种自主的组织,而此时国家就会体现其基本作用,即在霸主阶级或派别保护下权力集团的组织要素。这种相对自主性为国家提供了内在的统一,这是由于国家是权力集团的统一因素,而非政治上联合起来的阶级工具。所以,对国家权力的分摊无论对统治阶级与被统治阶级之间的关系、同盟之间的关系还是对权力集团的各个阶级之间的关系都是无效的。"国家权力的统一归根结底可在国家与霸主阶级或派别的特殊关系中找到,也就是从国家与那个阶级或派别的特殊利益完全符合这一事实中找到。"②这种事实上的权力划分还是以资本主义国家作为统一体发挥作用为核心。这里的关键在于国家内部统一的环节将这两种要素之间的关系集中起来,也体现了制度化政治权力的合法性。也就是说,这种制度化环节通过国家作为媒介,使得阶级或者派别设法成为人民的一般利益代表并促成大众主权物质化,也由此建立特殊利益用来作为权力集团的利益,并在制度统一的

① [希腊]尼科斯·波朗查斯:《政治权力与社会阶级》,叶林等译,中国社会科学出版社 1982 年版,第 251 页。

② [希腊]尼科斯·波朗查斯:《政治权力与社会阶级》,叶林等译,中国社会科学出版社 1982 年版,第 342 页。

保护下实现权力集团的统一。同时，普兰查斯认为孟德斯鸠并没有建立分权论，权力分配理论并不是指各种立法范围的一种制度或是法学上的分权概念，而是指在过渡时期的结构内部发生矛盾的社会各种阶级关系的概念。比如行政与立法的关系同社会势力之间的各种关系的某种概念相关。孟德斯鸠的权力分配概念意味着“制度化权力的统一”这样一种概念，在这种意义之下，不能认为权力分配是威胁统一的划分和分享，统一本身与这些阶级中的一个阶级对其他阶级的统治相关，这种统治构成了国家权力的焦点。

第三节　资本主义国家的类型和形式

一、资本主义国家的类型

与经典马克思主义不同的是，普兰查斯并没有过多论及国家的起源、发展和消亡这些问题，而是着重资本主义类型国家的分析。他主要从权力、国家和阶级斗争领域之间的关系出发研究资本主义国家类型的特征和形式。

（一）资本主义分期与资本主义国家类型

在普兰查斯看来，资本主义国家理论的建构需要满足三个条件：一是要考察资本主义不同的阶段和时期；二是要依据各个具体国家的形式特点，对资本主义国家的正常类型和例外类型加以区分；三是要联系资本的再生产分析资本主义国家的构成。普兰查斯将资本主义分期具体化为：从封建社会到资本主义过渡时期、资本主义时期以及从资本主义到社会主义过渡时期。而在资本主义时期，资本主义生产方式占优势地位，发挥主导作用，它又可以分为自由竞争资本主义时期和垄断资本主义时期。垄断资本主义阶段又可以再细分为：从自由竞争资本主义到垄断资本主义的过渡、垄断资本主义、帝国主义、帝国主义大都市（见图 2-1）。

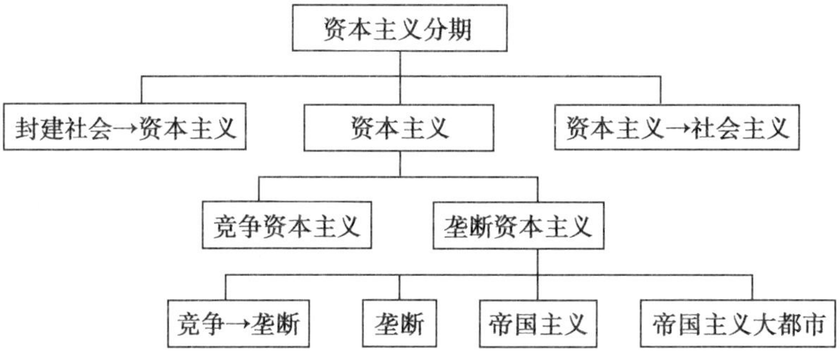

图 2-1　普兰查斯的资本主义分期

普兰查斯这种对资本主义国家分期的方式并不是经验主义和实证主义的，这与马克斯·韦伯的“理想类型”不同。韦伯的权力、资本主义、官僚政治的分析中都包含了经验主义认识论基础，而普兰查斯认为韦伯的“理想类型”不过是主体的化身，其缺点在于经验主义的认识论和主体问题式把认识主体和认识对象等同起来。在韦伯的理想类型中，国家并不包括严格意义上的结构，而是只包含行为的当事人动机。尽管普兰查斯也强调在总结各资本主义国家的特点基础上建构资本主义国家的类型，但是他所理解的模式是依照生产方式和具体社会形态之间的区别来建构资本主义国家的理论。也就是说，考察资本主义国家的性质不应该从理想类型出发，而是要结合生产关系，依据社会形态中阶级斗争的进程进行具体化分析，即从资本主义生产关系与再生产、政治阶级斗争等方面研究资本主义国家的理想类型。“制度化结构对于资本主义生产关系和劳动的社会分工是必要的，在这种方式下，国家本身已与社会阶级和阶级斗争发生关联。”[①]普兰查斯强调资本分期为解释资本主义国家形式奠定了基础，尽管国家理论并不能描述资本主义国家的谱系，但是这个理论却可以解释资本主义

① Nicos Poulantzas, *State*, *Power*, *Socialism*, London: Verso, 1980, p.123.

国家的历史性再生产。

(二)资本主义国家类型的特征

普兰查斯认为资本主义国家的政治结构和生产关系之间会引起国家和阶级斗争场所之间关系的问题,即资本主义生产方式的政治和经济结构在阶级斗争场所中的特殊独立性,正如马克思和恩格斯所指出的那样,反映在经济阶级斗争和政治阶级斗争的独立自主化上。

1.经济阶级斗争场所中的“孤立”

普兰查斯认为,在资本主义条件下国家在政治和意识形态上不再呈现为阶级主体以及统治阶级的特性,也不再奉行特权化的封建法规,取而代之的是以平等、规范和系统的现代法律为基础,以公民个体为主体的民众国家。资本主义在经济领域里本来只是由自在的阶级构成,但受到国家(包括法律、意识形态等因素)的多元决定作用影响,使得经济范围内劳资关系的阶级对立转化为个体间的分散和竞争关系,而资本主义国家在法律上是以公民的个体存在替代了作为阶级主体的个体。也就是说,法律和意识形态结构对经济阶级斗争产生了如下后果:“那就是用一种特殊方法把这些承担者的关系是阶级关系的这个事实掩盖起来了。在真实情况中社会经济关系就支持者所体验的却是一种特殊的分散和独立自主的现象。”①这也就是普兰查斯所说的经济阶级斗争“孤立的后果”。普兰查斯认为这种孤立是由法律、法律—政治意识形态和一般意识形态三方面共同作用的结果,这种孤立带来了工资劳动者和资本主义生产关系财产私有者之间竞争的结果,并且不仅体现在每个生产承担者上,还表现在一系列的关系中,包括工资劳动者之间、资本家之间,还有不同工厂、各个部门以及不同地区之间的工人关系,甚至还包括作为整个行业的部门与集团的关系。在社会经济关系受到意识形态和法律方面的影响而被孤立的情况下,资

① [希腊]尼科斯·波朗查斯:《政治权力与社会阶级》,叶林等译,中国社会科学出版社1982年版,第137页。

本主义国家同社会经济关系相联系。因此资本主义国家由本身的经济阶级斗争职能所决定,而这种斗争所采取的形式是孤立的。

此外,按照普兰查斯的观点,资本主义国家表现为一种经济斗争的政治统一体,这种统一正是孤立的征象。换言之,资本主义国家不但造成了个体的孤立,还代表着这些孤立的统一,这种统一是有分歧的、竞争的经济利益的"共同利益"的代表,这种利益掩盖了体现这种利益的生产者的阶级性。"资本主义国家代表它的统一,而其真正基础恰恰是体现资本主义生产方式的社会经济关系孤立的结果。"①这表明,国家以人民的代表作为象征是基于对个人总体制度上的确定。

值得注意的是,普兰查斯并没有从市民社会与国家的分离角度去分析全民国家②的来源,而是采取从劳动者和劳动资料分离的资本主义生产的基本条件上考察全民国家的产生。国家和市民社会这种分析方式把全民国家的产生看成是近代国家与市民社会、政治与经济分离的结果,普兰查斯指出这种分析的关键问题在于没有正确地理解马克思的"光杆的人"(bare individual),也就是认为劳动者摆脱封建人身束缚后成为独立的个体,造成与国家相分离的市民社会。而在普兰查斯看来,这种"光杆的人"是指劳动者与劳动资料之间的关系,是一种人与物的关系,而非人与人的关系,是指与自身生产条件相分离的生产承担者,而不是摆脱人身依附关系的独立的人,"光杆的人"是指"一无所有的个人"(失去了生产资料)。"不论在'资本主义以前的经济形态'中,或是在《资本论》中,对资本主义生产方式的理论特征都是这样说的:其特征乃是直接生产者同他的劳动'自然'条件分离。直接生产者同生产资料的分离是在大工业的历史阶段发生的,并标志着资本主义生产方式扩大再生产的开始,在这里正是被描述为生产承担者

① [希腊]尼科斯·波朗查斯:《政治权力与社会阶级》,叶林等译,中国社会科学出版社1982年版,第141页。

② 这里"全民国家"强调国家以人民的代表作为象征,具有普遍性。

的‘一无所有’。”[①]在生产者与生产资料分离的资本主义条件下，劳动者对物的依附取代了之前对人的依附，榨取剩余劳动无须再像前资本主义社会那样依靠国家的超经济强制[②]，劳动者由此获得了人身自由，国家才以“全民国家”的身份出现。普兰查斯认为劳动者与劳动资料的分离才是全民国家产生的结构性根源。

2.政治阶级斗争场所中的“两面性”

资本主义国家在政治阶级斗争场所中所起的作用主要是在政治上瓦解工人阶级以及组织资产阶级。因此，在政治阶级斗争领域表现为两面性：“一方面，针对经济方面的自主性包括了实行一种社会政策的可能性（根据各派势力的具体关系），那就是对某些被统治阶级的经济利益作出牺牲；另一方面，制度化的政治权力中的这种自主性本身有时使其有可能触及统治阶级的经济权力，但从来不威胁到它们的政治权力。”[③]简言之，这种两面性就是在对被统治阶级的关系上，可以让渡和牺牲部分经济利益以维护政治稳定，在对统治阶级的关系上则表现为霸主阶级领导下的复数统治。[④]

一方面，直接代表资本主义国家的并不是统治阶级的经济利益，而是政治利益，国家在霸主阶级的领导下是作为政治权力的核心和权力斗争的中介，在一定程度上保护被统治阶级的经济利益，这种保证的程度是根据统治阶级所处的霸主统治地位决定的，即根据它们对待代表人民普遍利益的国家的政治体制而决定，这种让步是国家本身职

---

① ［希腊］尼科斯·波朗查斯：《政治权力与社会阶级》，叶林等译，中国社会科学出版社1982年版，第133页。

② “超经济强制”（super-economic），是马克思受19世纪史学家影响而提出的。他认为封建时代财产关系表现为直接统治和从属，是政治和社会的附属物，并没达到纯经济形态。超经济强制也被称为“经济外强制”，就是生产资料所有者对直接生产者的政治、法律的强制力量，也被理解为剥削阶级的暴力强制形式。

③ ［希腊］尼科斯·波朗查斯：《政治权力与社会阶级》，叶林等译，中国社会科学出版社1982年版，第210页。

④ 这里的“复数统治”，指在政治权力上由霸主阶级领导，其他多个阶级协同。

能的一部分。也就是说，在国家作出这种让步时，其目的是要从政治上瓦解被统治阶级。在这样的国家里，政治权力是建立在“不稳定的妥协平衡”基础上，这种妥协意味着适应霸主阶级统治的这种权力能够考虑到某些被统治阶级的经济利益，短时间内并不利于统治的经济利益，但还尚未达到波及政治利益结构的地步；这种平衡是指当经济上的让步为一种平衡建立基础的时候并不威胁到政治权力，需要有明确的界限，而这种不稳定是平衡的这些界限取决于政治形势的变化。这种不稳定的妥协式平衡关系体现了资本主义国家的多元决定，被统治阶级的经济要求就是直接的政治要求。而在资本主义国家中，由于上层建筑政治权力的自主性，使得经济要求满足的同时政治权力和国家的制度统一性可以不受影响，即政治上层建筑和经济基础的特殊独立性所带来的政治权力与经济权力的错位。

另一方面，在资本主义国家中，统治阶级并不是单一的构成，它往往包含着不同派系和势力组成的权力集团，“权力集团的现象不能用融合的概念来理解，这是因为权力集团并不构成同等成分的一个表现总体，而是统治中的复杂的矛盾的统一”[①]。所以，普兰查斯认为资本主义国家的政治统治是霸主阶级领导下的权力集团的共同统治，它作为权力集团的一个部分，其地位在于对阶级或派别的矛盾进行政治上的统一。这种权力集团的共同统治体现在制度上，资产阶级的不同派别有参与政权的民主机会，也允许非主导的统治阶级参与到权力集团中，作为生产过程中不同部门和地位划分的派系和集团也被容纳到资本主义的国家权力中。

此外，权力集团中的霸权和针对被统治阶级的霸权一般来说是集中在同一个阶级或派别的掌握之下的，然而也会因为具体形势的不同发生错位的状况，比如不在政治舞台发挥作用的霸主派系却依然在权力集团内部起到主导作用。有时霸主阶级既掌握着国家权力又管理

① [希腊]尼科斯·波朗查斯:《政治权力与社会阶级》，叶林等译，中国社会科学出版社 1982 年版，第 264 页。

国家机器，但也有时掌握国家权力的并非霸主阶级，比如波拿巴主义国家中的资产阶级和小农阶级。这种错位的发生在普兰查斯看来是受到多元决定作用的影响，他认同马克思分析的议会制共和国中金融资产阶级成为权力集团和社会整体两方面的霸主派的双重作用，但也指出要依据社会形势判断霸权的错位关系，“尽管一个阶级或派别内的霸权的双重作用集中反映在资本主义国家机构的活动中，但那只是一般规律，其实现要看社会势力的当前形势如何而定”[①]，也就是说要看到霸权对各个阶级或派别的这些作用有可能关系错乱、瓦解或者易位。

（三）国家类型与国家形式

在对国家类型的研究上，普兰查斯总是从结构上构建一个适应生产方式的国家类型，再由此提出关于具体的国家形态，而这种国家形态不仅受结构影响，还要依据阶级斗争和政治形势的变化来调整，这体现了其“结构—实践”的辩证法。他认为对资本主义国家形式的分析既要考虑资本主义国家类型的概念，又要联系资本主义的具体社会形态以及阶级斗争的实践形势，这是源于政治的多元决定作用导致资本主义国家类型在实际的历史形态中表现为多样化的国家形式。

普兰查斯认为国家类型是与其生产方式结合的概念，如封建国家类型与封建生产方式相联系，资本主义国家类型与资本主义生产方式相联系。而国家形式则要结合具体的社会形态，比如自由竞争的资本主义国家形式、垄断的资本主义国家形式、军事独裁的国家形式等。一般而言，国家类型是指由生产方式占主导地位的国家，如资本主义国家一般指资本主义国家类型占主导地位。值得注意的是，社会形态中可能会包含不同的生产方式，因此国家形式也不止与一种国家类型发生联系。比如马克思和恩格斯提到的俾斯麦主义国家，就是封建类

① ［希腊］尼科斯·波朗查斯：《政治权力与社会阶级》，叶林等译，中国社会科学出版社 1982 年版，第 267 页。

型为主导而仍属于资本主义的国家形式，这就是特殊政治形势条件下发生的结构和阶级斗争的错位，即在资本主义生产方式的多元决定作用中，封建类型国家具有类似资本主义国家的相对自主性，这体现了社会形态和国家形式的特殊性和复杂性。

二、资本主义国家的形式

（一）马克思和恩格斯对资本主义国家形式的分析

马克思和恩格斯认为资本主义国家是“管理整个资产阶级的共同事务的委员会”[①]，它的本质依然是作为阶级统治的工具，但从资本主义国家的形式上说，它通过政治上和意识形态上的职能和制度达到一种非阶级专政统治的国家表象。

1.“守夜人”式的经济统治

在前资本主义社会中，奴隶要得到生产资料和消费资料需要从属于奴隶主，而奴隶主通过人身占有关系才能实现对奴隶的剩余劳动的占有，正如马克思所说的，财产关系也一定同时表现为统治和从属关系。[②] 在这种条件下，只有通过超经济的强制才能榨取剩余劳动，国家以这种暴力形式维护生产和再生产。而在资本主义条件下，生产资料与生产者发生分离，劳动者获得了人身自由，不再存在“本质的占有关系”，而是借助货币与市场的结合，表现为劳动力的买卖双方关系。当然，这种超经济的暴力强制只是在前期作为一种特殊情况下才使用，而一般而言，工人会受资本的生产规律所支配，这是其属性决定的。工人虽然成为“自由”的个体，但这种“自由”是只有选择出卖劳动力给哪位资本家的自由，而没有不出卖的自由，事实上成为一种阶级从属，

① 《马克思恩格斯选集》第 1 卷，人民出版社 2012 年版，第 402 页。

② 马克思指出：“在生产关系本身中，包含着来自资本对并入资本的劳动拥有所有权和来自劳动过程本身性质的统治和从属关系。”《（马克思恩格斯选集》第 2 卷，人民出版社 2012 年版，第 835 页）

也是劳动对资本的从属，它能够基本保证剩余价值的生产。由此国家就不再需要政治强制的手段干预经济，也不必像前资本主义社会那样依靠强制才能保障剩余劳动的占有。这样一来，国家就达到无须再为社会提供这种保障的"守夜人"国家，而只需让这种从属的经济关系进行"无声"统治。然而，这毕竟是一种理想形式，随着资本主义的扩张和垄断，资本主义国家"不得不承担起""对生产的领导"[①]，比如介入基础设施建设从而为私人企业的生产创造条件。

2.民主式的政治统治

在资本主义国家中，资产阶级是以普选和议会等形式进行间接民主统治，这与前资本主义国家的直接专政统治不同，这种间接统治体现在制度和功能两种层面。在制度上，资产阶级通过官僚制度实行统治，这使得官僚制作为一种特殊范畴发挥作用，资本主义国家的统治阶级并非像封建主那样将政治权力集中自己手中，而是让官僚阶级充当代理人，使其服从于经济领域的要求。同时，在政策上国家也会向官僚的需求倾斜。从功能上说，封建国家对统治阶级的统一主要是依靠王权和等级等直接政治手段，因为统治阶级的分裂是由于疆土分散，然而到了资本主义社会，分工和竞争导致了资产阶级的分裂，它只能依靠国家的经济职能去整合。因此，这种间接统治体现在国家能够发挥"总资本家"的作用，"现代国家，不管它的形式如何，本质上都是资本主义的机器，资本家的国家，理想的总资本家"[②]。也就是说，国家为了维护长远利益会让渡或者牺牲掉资产阶级的短期利益，以完成经济领域内的目标和规划。

民主式统治与资本主义的生产方式紧密相关，由于劳动者与劳动资料的分离，就会给资本主义国家的政治统治带来三个方面的影响：一是资本主义条件下要达到劳动力买卖的方式结合，资本家和工人需要有自由平等的契约关系，这就要有国家法律来规定个体的政治自由

① 《马克思恩格斯选集》第3卷，人民出版社2012年版，第665、8页。

② 《马克思恩格斯选集》第3卷，人民出版社2012年版，第666页。

与平等。二是为了获取剩余价值，资本家与工人的不平等剥削关系导致流通自由与生产专制的二重性矛盾凸显，构成国家的行政与立法分离。三是资本主义矛盾发展加剧了生产与消费的不平衡，当这种不平衡严重到经济危机来临时，资产阶级需要国家发挥“总资本家”的干预和调节作用，比如介入生产领域接管兴建基础设施为资本生产创造条件。当然，马克思也看到，这种民主制度只是在政治统治形式上体现了资本主义进步性的一面，但是归根结底其国家本质的阶级性质并没有改变。

（二）资本主义国家的形式与转换

1.从生产的外部条件到内在构成性

普兰查斯认为，在第二次世界大战后资本主义国家的作用已发生了变化，国家在经济上的统治已不再是“守夜人”角色，而是表现为对经济领域的大规模干预，这体现在运用货币和信贷投资集体行业，如房地产、教育和医疗行业等，以及对公共资源和基础设施建设的资本国有化，如交通运输、通信等。

首先，国家的经济职能变化表明当代资本主义国家与经济之间并不是一种外在的分离关系，而是国家已内在于生产关系之中，应该从生产关系和劳动分工的再生产角度去考察国家的这种经济作用。这种国家职能上的新变化主要是：“由于生产关系、劳动分工、劳动力的再生产和榨取剩余价值的改变，大量边缘领域（如劳动力培训、城市规划、交通、医疗、环境等）直接整合进了再生产和资本限价（valorization of capital）的空间进程。这个整合使国家在这些领域中的作用呈现了新的意义。国家更加瞄准了资本再生产的核心。资本限价和劳动力再生产的整个领域（公共和国有化资本领域等）直接嵌在国家中。”[①]也就是说，考察资本主义国家与经济的这种构成性，要深入到生产关系

① Nicos Poulantzas, *State*, *Power*, *Socialism*, London: Verso, 1980, p.167.

和劳动的社会分工的再生产方面。在普兰查斯看来，生产在整个再生产的周期中处于支配地位，国家的决定性活动直接与生产关系相关联，是生产决定流通中的交换关系。这种以生产方式的视角剖析当代资本主义社会，与传统的马克思主义观点有所区别。马克思更注重生产方式中生产力与生产关系的统一，强调生产力的支配性地位。相比较而言，普兰查斯突出生产关系在生产方式中的决定性。当代资本主义国家大规模地对经济社会加以干预，尤其是在一些重要领域对经济部门实行国有化，这非但没有从实质上变革原有的资本主义生产关系，还促进了资本对劳动的剥削，提高了资本主义生产关系的再生产。显然，普兰查斯是从生产关系的变化方面分析当代资本主义的性质。

其次，作为集经济、镇压及意识形态机器于一体的国家，经济的作用只是国家结构总体的一个部分和一个方面，结构内部的要素相互渗透，在资本主义条件下，经济在其中占主导地位。传统马克思主义的国家理论集中于国家的镇压作用，葛兰西的理论则突出了国家的意识形态功能，并借此发挥霸权的领导作用，到了阿尔都塞那里，将这种功能进一步发展为意识形态国家机器，而普兰查斯承袭了葛兰西和阿尔都塞对国家功能分析的脉络。同时，普兰查斯批判了阿尔都塞关于“国家＝镇压＋意识形态”的二分法观点。普兰查斯认为，除了作为镇压和意识形态的机器，国家还具有经济职能，并且这三者的划分只是相对的，它们共同作用于国家的功能总体之中，彼此之间相互联系。现代国家的经济职能由于其主导地位的影响也正逐步改变政治格局，全球性变化不仅与国家内部经济职能的主导地位相关，而且也表明了这种支配地位本身的意义。也就是说，国家作为经济机器正在成为目前资本主义国家政治重构的组织条件，它统治着其他功能。

普兰查斯分析当代资本主义国家经济职能的凸显和变化主要在于生产方式的利润率下降，国家大规模地干预就是为防止利润率下降。而有效的手段有两种：一是促使不变资本贬值，提高利润率；二是通过劳动力培训和技术革新提高相对剩余价值的生产。国家干预有利于垄断资本的领导权，既能够让垄断资本内部矛盾得到缓和与化解以利于总体利益，又能够调节垄断资本与非垄断资本之间的利益。普兰查斯着重于经济职能的政治意义，旨在表明劳动力的再生产本身也是一种政治战略，国家对经济的干预可以减少阶级斗争的发生，这种经济干预可以有效地扩大劳动力的再生产，同时也对离散被统治阶级的斗争起到了一定的作用。国家采取的技术与社会化手段，比如社会保障与福利、公共服务与城市规划，这些作为国家机器的功能性组织，都将有助于劳动力的再生产，也是获得政治霸权的有力途径。

2.国家形式的转换

普兰查斯提出，对资本主义国家形式的考察不能从历史主义的阶段分期出发，而是要从国家类型的内部结构的转换上分析。资本主义国家类型包含着经济与政治环节的特殊结合，所以形式上就会由于这些不同的结合表现出国家相对自主性的不同形式。比如自由竞争资本主义国家形式是国家所采取的相对放任的干预政策，而对垄断资本主义国家而言，就意味着国家在政策上所采取的相对严格的干预。这些不同的形式在于，作为同一个资本主义国家类型内部结构政治和经济等环节之间结合形式的改变。另外，国家形式的转换还可能由于结构内部某一环节的错位，这是资本主义国家所具有的政治功能。就像自由竞争的资本主义国家形式在经济危机来临时也会采取必要的宏观调控政策来干预，如美国爆发金融危机时所采取的国家干预措施。“这种环节的错位并非作为整体的断裂，这种上层建筑不适应基础的矛盾现象也并不会导致统一的破裂和革命的出现，俾斯麦国家的情况即是如此。”[①]也就是说，结构内部的某一环节的错位并不会直接影响到结构的整体功能性，这正是资本主义国家相对独立性的表现。

此外，国家形式的转换除了来自结构内部各个环节结合形式的改变，还要考虑到阶级斗争领域的具体情况。这也体现了普兰查斯“结

① Nicos Poulantzas, *Political Power and Social Classes*, London: Verso, 1978, p.156.

构一实践”辩证方式的分析，比如资本主义政治的民主式统治，就是阶级力量所形成的平衡性结果，也就是说，国家形式是在结构与实践的辩证中结合阶级斗争的妥协平衡形成的。国家形式体现了行政权和立法权之间的分野、权力集团的不同配置以及不同的政治实践之间的相互作用。立法权与行政权之间的转换并非直接决定国家是否在经济上干预，而是需要结合国家对阶级斗争领域的作用还有权力集团之间关系的变化。

普兰查斯将政党活动的场域称为“政治舞台”，在资本主义形态中政治舞台是一块特许的地盘，在这块地盘各种社会势力通过他们在政党中的代表采取公开行动。一个阶级或政党从政治舞台上消失并不会影响到权力集团内部的阶级实践，波拿巴时期的工业资产阶级就是例子。政体形式就是一定国家形式下政党在政治舞台上表现出来的具体结构和形式。不同的国家形式产生不同的政体形式，比如自由主义国家像英国的君主立宪制、法国的议会共和制，而干预主义国家像美国的总统制、欧洲大陆的多党议会制等。资本主义国家针对统治阶级和派别的统一和相对自主，只能在国家形式和政体形式的结合中加以研究：因为统一和相对自主总是与具体的政体形式、权力集团的政治组织形式密切地联系在一起。也就是说，一个阶级或权力集团在政治实践和政治舞台上的地位是存在错位的，这种错位和变化共存于资本主义生产方式的结构中。

（三）正常国家与例外国家

资本主义国家的正常形式是指具有稳定状态的国家形式，比如自由主义国家（竞争的资本主义国家形式）、干预主义国家（包括私人垄断与国家垄断的资本主义国家形式）。资本主义国家的例外形式是指非常态的国家形式，比如法西斯主义国家、军事独裁主义国家、波拿巴主义国家以及多样化政体采取的形式等。

1.正常国家

按照普兰查斯的说法，正常的国家作为结构的整体其内部的各个环节之间是一种稳定的可顺利转换的接合状态,国家对经济的干预与不干预并不是一种量上的变化,而是一种形式的转换,这种转换可以使得国家在政治中发挥权力集团与国民大众之间妥协的不稳定平衡的作用,也就是说,干预与不干预都是在国家的相对自主性范围内进行的。资本主义的政治统治主要由阶级和派别构成的权力集团组成,资本主义国家通过相对自主确保来维护权力集团的总体利益,也借此组织霸主阶级领导下的各个因素妥协的不稳定平衡。劳动者与劳动资料的分离作为资本主义生产关系的典型特征,使得"相对自主成为资本主义国家作为阶级代表和霸权的政治组织的必要条件。资本主义国家代表霸主阶级或派别的利益并不能简单等同或还原为只代表那个利益本身,国家不是霸主阶级或派别的工具,而是力量平衡的凝缩"①。也就是说,资本主义国家的相对自主性使得其为了维护权力集团的总体利益和长期利益,会超越霸主阶级或派别的直接和短期利益。通过镇压和意识形态国家机器的作用,权力集团和霸主阶级产生接合,这与国家形式相关,资本主义国家的形式依赖于统治阶级和派别之间的确切关系,受到资产阶级和工人阶级之间的根本矛盾的影响。

在普兰查斯看来,垄断资本主义阶段国家的作用以及权力集团与国家的关系发生了重要的变化,这表现在国家的经济功能以及生产关系中再生产的作用上。因此,普兰查斯更看重国家在生产关系再生产过程中发挥的经济作用,也就是在国家作为镇压机器和意识形态机器的基础上,还具有经济机器的功能。即使是在竞争的资本主义阶段,国家依然发挥经济作用,因此"守夜人"国家只是一个神话。这种错误来自对《资本论》第二卷关于生产问题的经济主义误读。这种观念认为资本主义的再生产是在经济空间限定的范围内自我调节的,然而事实上,"从征税到工厂立法,从关税到基础设施建设,自由主义国家一

---

① Nicos Poulantzas, *Classes in Contemporary Capitalism*, London: NLB, 1975, p.98.

直发挥着重要的经济功能"①。自由国家的不干预只是相对于垄断资本主义国家的作用而言,所以并不是量上的不同。资本主义生产关系的再生产不是在经济空间中被确定的,而是与生产关系中的政治和意识形态因素相关,资本主义扩大再生产改变了经济空间的结构和组成,同资本增殖一样,政治活动和国家干预也改变了国家的作用,造成生产方式的结构性分期。而垄断资本主义与自由竞争资本主义二者的不同在于,前者在生产方式中政治统治取代了经济统治,而后者是经济占统治地位。也就是说,是资本主义生产方式结构内统治地位的转换导致了资本主义的这种阶段分期。在恩格斯看来,资本主义阶段所发生的政治与经济的分离是将二者处于一种外在的关系之中,这是对马克思生产条件的误解。普兰查斯认为,政治和经济的分离并不意味着政治、意识形态和经济之间是外在性关系,这三者实际是作为生产方式的环节相互接合在一起的。自由竞争资本主义与垄断资本主义国家形式的转化在于,结构内部政治环节与经济环节之间的相对地位发生了变化。在自由竞争资本主义阶段,经济占统治地位,属于一种外延式剥削劳动的统治(属于绝对剩余价值生产);而在垄断资本主义阶段,归属于相对剩余价值的生产,国家起到支配作用,属丁一种内涵式的剥削劳动。政治与经济地位关系的错位是由资本主义生产方式的独特性造成的,而政治与经济之间的相对分离也是资本主义特有的,国家的经济干预并不违反资本主义的界限。

2.例外国家

普兰查斯主张从生产关系的角度去解释国家在一个阶段和时期所采取的不同形式,这种形式的转变是两种要素在国家上的接合变化的结果:一是生产关系和劳动的社会分工的变化,二是阶级斗争的变化。资本主义就是一个不断再生产的过程,因此资本主义国家的形式

---

① Nicos Poulantzas, *Classes in Contemporary Capitalism*, London: NLB, 1975, p.100.

也是不同和变化的。在正常形式中，资本主义国家稳定地发挥国家调和与统治的作用，而在例外情况下，便会出现政治危机。“资产阶级的政治统治刻写在国家的物质框架中，国家是阶级力量对比关系的凝缩。权力集团、权力与支持阶级（小资产阶级、农民）的力量对比关系凝缩在国家中。”①国家作为阶级力量对比关系的凝缩，阶级斗争关系会引发国家形式的差异，而政治危机则是例外国家形式与正常国家形式的根本区别。例外国家形式包括法西斯主义、军事独裁和波拿巴主义国家，普兰查斯在著作中着重分析了法西斯主义国家。

在《法西斯主义与独裁》中，普兰查斯指出了对法西斯主义解释的三种误区：一是国家垄断资本主义解读，即把法西斯主义看作是国家垄断资本主义和帝国主义的极端形式，这种观点突出了法西斯主义国家强化权力集团内部垄断资本统治的作用，大垄断资本独自掌权只是一种工具主义的想象，因为法西斯主义国家与大垄断资本之间保持着相对独立。二是把法西斯主义看成是波拿巴主义的一种变体，这强调了法西斯主义在重组社会中发挥的国家相对自主性，并使其脱离社会阶级成为完全的自主。然而波拿巴主义和法西斯主义是不同的，波拿巴主义是资产阶级与工人阶级之间的力量对比，而法西斯主义反映了小资产阶级与工人阶级力量的对比。三是认为法西斯主义是小资产阶级的独裁，这种说法强调了小资产阶级对法西斯主义所起的阶级作用，视其为国家的统治阶级，然而事实上小资产阶级在法西斯主义的兴起中更多承担着意识形态领域影响的角色，因此并不能视为统治阶级的地位。②

在普兰查斯看来，这些观点只是强调了法西斯主义国家的某一方面，只是从结构上分析这种现象显然是不够的，法西斯主义国家的确对应于垄断资本主义阶段的框架中，但是还要对应于阶级斗争的特殊形势，即政治危机导致了法西斯主义。政治危机的重要原因即资本主

① Nicos Poulantzas, *State, Power, Socialism*, London: Verso, 1980, p.158.

② Nicos Poulantzas, *Fascism and Dictatorship*, London: Verso, 1974, pp.83-85.

义国家具有相对自主性，政治危机与制度体系的断裂是相关的，这体现在法西斯主义与议会民主之间的霸权机制的断裂上：其一，政治危机表明统治阶级与统治阶级派别的矛盾，即权力集团内部的严重分歧。其二是霸权危机，即没有一个统治阶级或派别能够把霸权置于权力集团别的阶级和派别之上。其三是政党代表危机，统治阶级和派别与国家机器之间不再通过政党中介建立关系，也就是说，统治阶级和派别与政党之间发生断裂。其四，法西斯主义对应于意识形态危机，这种危机既包括统治资产阶级意识形态危机，也包括工人阶级意识形态危机，意识形态侵入了马克思列宁主义撤退留下的空白，工联主义和改良主义等社会民主主义意识形态影响工人阶级，使得工人趋向于小资产阶级意识形态，从而加剧了政治瓦解，法西斯主义利用了小资产阶级意识形态对工人阶级的影响。所以，在法西斯主义崛起时，社会民主类型的政党失效的背景条件下，别的机器接管了它——这就是法西斯组织，法西斯主义国家的主要作用就是重新组织国家。普兰查斯认为，法西斯主义作为一个历史教训必须要正确看待，对这段历史加以研究就是要避免法西斯主义的重现，"正如其他例外的政体形式一样，法西斯主义并不是病态或偶然发生的，在当今时代它依然是一个很重要的问题，在任何一个帝国主义国家中，法西斯主义都随时有可能复燃"①。对法西斯主义在内的资本主义例外国家的研究可以澄清我们之前的模糊认识，这既有理论价值，也对工人阶级的政治实践具有战略意义。

---

① Nicos Poulantzas, *Fascism and Dictatorship*, London: Verso, 1974, p.358.

第三章　权力与阶级

第一节　阶级概念的结构主义诠释

普兰查斯对当代资本主义国家的阶级分析运用了阿尔都塞的多元决定论，他重新阐释了历史唯物主义中关于经济基础与上层建筑的关系问题。这主要体现在其著作《政权权力与社会阶级》和《当代资本主义中的阶级》的论述中。正如他在《当代资本主义中的阶级》里所提到的，"这里所涉及的这些阶级在马克思主义理论中都是相对地遭到忽视的。但是在我看来，相比以往，今天的革命战略的一个重要本质在于知己知彼，这是建立正确的联盟所必要的"①。在普兰查斯看来，马克思在《资本论》中探讨的是纯粹的资本主义生产方式，然而事实上，除了资产阶级和无产阶级，在社会形态中还有其他阶级的存在。他更为重视马克思和恩格斯的后期政治著作，认为需要进一步提炼出马克思主义原则的科学概念并与不同的历史条件相结合，从社会主义革命的战略角度去研究当代资本主义国家中的阶级情况。

---

① Nicos Poulantzas, *Classes in Contemporary Capitalism*, London: NLB, 1975, p.9.

一、对历史主义与经济主义阶级概念的批评

普兰查斯认为，在马克思主义关于社会阶级问题的看法上存在着历史主义和经济主义两种理解。历史主义的观点认为阶级是历史的主体，在社会形态的发展转化中扮演着主体性作用。经济主义则从生产关系的角度理解阶级，认为社会阶级取决于生产劳动者的地位与生产资料的关系。在他看来，这两种观点造成了马克思主义阶级观的理解误区。

（一）对历史主义阶级概念的批判

历史主义的观点是以历史发生学的方式理解社会阶级，即用历史编纂法把社会阶级看成是从尚未分化的个体、个体的产生到自在的阶级，最后以自为的阶级告终的创生过程。普兰查斯认为，这里包含两种历史循环论流派，两者都把马克思主义引进历史的本体创生论图式，遵循“人创造他们自己的历史”这个命题。

第一个流派以卢卡奇为典型代表。卢卡奇运用了黑格尔的历史主义方法，以阶级主体替代了绝对精神，强调阶级作为历史的主体，当社会阶级具有自身的阶级意识时，阶级才真正地存在。“社会形态的结构这个理论问题被说成是它们的起源问题，其本身与历史的阶级主体的自我发展有关。把阶级/主体组织成为一个政治阶级（自为的阶级）。”[①]也就是说，社会形态结构的发展源于历史的阶级主体的发展，历史是一个将阶级主体组织成一个政治阶级的从自在到自为的过程。按照这种说法，经济领域服从的是经济规律，是由各种结构组成，而社会阶级则属于政治和意识形态领域。卢卡奇的这种将社会阶级归结于阶级斗争与实践，从而否认社会形态的结构的观点，在普兰查斯看来是有误的。普兰查斯认为，马克思使用自在阶级和自为阶级旨在突

① ［希腊］尼科斯·波朗查斯：《政治权力与社会阶级》，叶林等译，中国社会科学出版社 1982 年版，第 58 页。

出阶级斗争在政治中的特殊功能，马克思意在表明仅以经济关系不能形成阶级的概念，还要包括阶级实践，而不是用政治的特殊作用否定经济关系。出现这种问题的原因在于，卢卡奇没有从多元决定的角度上理解结构与实践的相互作用，政治和阶级斗争是结构中起多元决定作用的方面。

历史循环论的第二个流派是以盖格、达兰多夫和鲍迪尤为代表的功能主义学派，他们对马克思主义的解释比第一种更进了一步，指出作为一种结构体系的社会形态问题并不是一个直接与起源相联系的问题。实际上，功能主义学派是以共时/历时二元论为前提的，归根结底仍然是由历时循环论所决定的。社会阶级在功能学派那里分为共时与历时两个方面：前者把社会看成为一种结构体系，并作为静态研究的参考和对象；后者则把社会看成是阶级冲突的动态过程。普兰查斯认为，按照这种说法，阶级在马克思分析中的地位就是构成结构的动态作用，它是作为“结构变化的原则和条件”而发挥功能。因此，社会结构和社会阶级就被功能主义学派理解为结构和功能、共时与历时的关系，当成是一种历史循环论，这种以能够改变结构成分的各种力量的社会行动者是通过阶级的功能所表现的。所以，功能主义学派的概念和卢卡奇一样都是历时的，这实际上受到了马克斯·韦伯的影响。韦伯将社会阶级区分为双重含义：一是阶级地位，也就是由在经济结构中的地位所决定的自在的阶级；二是阶级功能，作为结构变化的历时要素——阶级斗争影响下的自为的阶级。① 这种带有历史循环论意味的概念最终导致在生产承担者和社会阶级之间建立了一种意识形态方面的关系，主体为这种关系提供了一个理论基础。这就导致生产承担者被认为是创造结构的主体，社会阶级被认为是历史的主

① 马克斯·韦伯的阶级理论区分了“阶级地位”和“权势集团”。阶级地位的定义主要根据收入来确定，他把“阶级”一词运用于处于同一“阶级地位”中的任何一个集团；“权势集团”在某种意义上表示一个职位的术语。这种区分导致他探讨了政治阶级对官僚的关系问题。普兰查斯认为，马克思主义的历史循环论与当代政治科学的功能主义学派有相同的理论原则。

体。普兰查斯对此进行了反驳，他认为这个功能主义学派的概念没有清楚地看到两个现实：一是马克思所说的生产承担者，比如像雇佣劳动者和资本家是整个结构的支持者和承受者；二是马克思从未从理论上表达结构的产生源于社会阶级。

（二）对经济主义阶级概念的批判

对马克思主义社会阶级理论的另一种误解，是与青年卢卡奇的唯意志论历史主义相对的经济主义阶级概念。这种解释认为“社会阶级仅仅存在于按照经济主义的方式设想出来的生产关系方面”[①]，换言之，经济主义者是从生产承担者在劳动过程中的地位还有他们与生产资料的关系的角度来分析社会阶级概念的。他们运用马克思主义之前的经济理论概念，以经济主义的方式来解释生产关系和生产方式以及阶级的经济决定作用问题。列宁对阶级的定义是：“所谓阶级，就是这样一些大的集团，这些集团在历史上一定社会生产体系中所处的地位不同，对生产资料的关系不同，在社会劳动组织中所起的作用不同，因而领得自己所支配得那份社会财富的方式和多寡也不同。所谓阶级，就是这样一些集团，由于它们在一定社会经济结构中所处的地位不同，其中一个集团能够占有另一个集团的劳动。”[②]按照这种说法，社会阶级的划分应该从生产资料所有制的关系上去分析，而普兰查斯则认为这是一种经济主义的解读，这种阶级的经济决定作用问题，从生产关系和生产方式的真正概念来说并未解决。

在普兰查斯看来，马克思对社会阶级的分析从未仅仅局限在经济结构和生产关系，而是将社会阶级放在生产方式和社会形态的结构整体中进行的。“我们不妨说，一切问题的发生首先在经济方面，其次在政治方面，再次在意识形态方面，似乎社会阶级就是各种结构的整体

① ［希腊］尼科斯·波朗查斯：《政治权力与社会阶级》，叶林等译，中国社会科学出版社 1982 年版，第 59 页。

② 《列宁选集》第 4 卷，人民出版社 2012 年版，第 53 页。

及其相互间关系的产物。"[①]也就是说,阶级的构成是由生产方式内部多个环节的影响下决定的,分辨一个阶级既可以从经济方面、政治方面,又可以从意识形态方面,也就是要依据某个特殊环节来确定它的地位和作用,这涉及阶级作为各个方面的整体。普兰查斯认为,阶级的经济主义解释原因在于把阶级问题放在纯粹的生产关系中去考虑,"纯粹的"生产方式是按照经济在这种生产方式概念所包含的复杂的全部要素中的地位和职能来确定它的意义的,但是这并不贬低经济在这种方式中的独特性问题。也就是说,即使就"纯粹的"生产方式而言,其中也有特殊方面的存在,如经济的、政治的和意识形态的方面,它们都可以作为这种生产方式中的部门结构而存在。因此,经济主义仅仅从经济领域考察阶级与经济的关系来确定其含义是对马克思的误读。普兰查斯主张从社会关系和社会实践的领域中加以分析,即在社会形态中,才能对社会阶级问题作出科学的解释,这再一次体现了他的结构与阶级斗争实践相结合的思考方式。

二、阶级的结构决定

(一)社会阶级的定义

在批判历史主义与经济主义的两种阶级概念之后,普兰查斯在《政治权力与社会阶级》中对"社会阶级"的概念进行了定义:"社会阶级是这样一个概念,它表示一种生产方式或者一种社会形态的模式对承担者——他们构成社会阶级的支持者——所产生的影响:这个概念指示出社会关系领域内全部结构所产生的影响。"[②]这个概念含有如下几层含义:第一,阶级表达全部结构所产生的影响意味着阶级是与结

① [希腊]尼科斯·波朗查斯:《政治权力与社会阶级》,叶林等译,中国社会科学出版社 1982 年版,第 60 页。

② [希腊]尼科斯·波朗查斯:《政治权力与社会阶级》,叶林等译,中国社会科学出版社 1982 年版,第 64 页。

构整体相关，这不仅包括经济环节，还有政治和意识形态环节，是一个各个环节共同构成的整体。第二，所谓“生产方式或社会形态所产生的影响”，就是说，阶级不仅要从结构的生产方式的角度去定义，还要放置在具体的政治、经济、意识形态各个方面来考察，这些以社会关系的形式在各种阶级实践之间的“斗争”中反映出来，作为一种结构的影响，它们在社会关系所涉及的特殊框架内构成为一种结构。第三，在普兰查斯看来，生产关系作为一种结构，并不是社会阶级，同样政治结构和意识形态结构也不是社会阶级，但是在各种关系方面及其内部，这些结构会影响到法律、政治的社会关系和意识形态的社会关系，影响到作为其当事人的承担者在社会阶级中的分布，也就是说，社会阶级不是一种结构就是概念的“经验主义的东西”，社会阶级表示社会关系、社会整体。

在《当代资本主义中的阶级》里，普兰查斯依照马克思主义的阶级理论对“阶级”概念作了进一步阐释。在他看来，虽然社会成员组成的群体构成了社会阶级，他们在生产过程中所体现的经济地位对社会阶级具有支配性地位，但不能因此说经济就是唯一的决定要素。按照普兰查斯的观点，马克思主义经典作家在分析阶级问题时结合了政治和意识形态情况，因此不应该用纯粹的生产方式这样一种理论和静态的角度去考察社会阶级。“一个社会阶级是由它在社会实践整体中的地位，即由它在整个社会劳动分工中的地位来定义的，这包括政治和意识形态关系。在这个意义上，社会阶级是一个指社会劳动分工（社会关系和社会实践）内部结构的效果的概念，这符合于我称之为阶级的结构决定，也就是说，它符合于结构所决定的阶级实践。这里的结构指的是生产关系、政治和意识形态的支配或从属关系。”[①]可以看出，普兰查斯对“社会阶级”概念的分析与卢卡奇的“自在阶级—自为阶级”的主体式概念有着原则上的区别，他提出“阶级的结构决定”，是从结

① Nicos Poulantzas, *Classes in Contemporary Capitalism*, London: NLB, 1975, p.14.

构主义的角度来看待作为整体内部的结构和关系。也就是说,每个生产过程中各阶级的地位,取决于这个阶级所有环节结构决定的结果,即取决于这个阶级在社会劳动分工的政治和意识形态关系中的特定作用。譬如处于经济关系中的工人阶级本身就具有特殊的政治和意识形态地位,即使在意识形态的强压下,它依然能通过经济、政治和意识形态的存在于实践中发挥独特的阶级本能。

(二)阶级斗争与阶级规定

普兰查斯主张在阶级斗争的实践中给社会阶级定位,“从一开始,结构的阶级规定就包含经济、政治和意识形态的阶级斗争,这些斗争都表现在特定场合的阶级立场的形式中”[①]。也就是说,包括经济、政治、意识形态关系的阶级规定是与阶级斗争的实践相一致的。普兰查斯认为马克思区分了经济斗争和政治阶级斗争,并且承认阶级的存在只是政治斗争方面所构成。关于生产承担者的经济斗争(也就是资本家和工人之间的斗争),马克思说这不属于阶级斗争之列,而把经济方面的工会斗争看作是自在的阶级斗争,换言之,他认为自为的阶级斗争才是政治斗争。在普兰查斯看来,马克思突出政治阶级斗争的重要性是与政治本身的地位分不开的,政治作为上层建筑在结构中发挥多元决定作用。马克思所说的只有政治阶级斗争才有阶级,这个命题在普兰查斯看来是与政治上层建筑的特殊性有关,而与历史主义学派所认为的主体的历史循环论无关。

值得注意的是,普兰查斯在论证政治和意识形态因素包括划分阶级的标准时,区分了“阶级规定”与“阶级立场”。在他看来,社会阶级可以采取与其自身利益不一致的阶级立场,比如在某些场合下,“工人贵族”持有资产阶级的立场,但从阶级的结构决定角度上说,它依然属于工人阶级的一个阶层,而并没有构成资产阶级的一部分,因此,普兰

① Nicos Poulantzas, *Classes in Contemporary Capitalism*, London: NLB, 1975, p.16.

查斯认为不应把阶级规定归结为阶级立场。同样，在某些特殊的情况下，小资产阶级也会导向工人阶级的立场。比如工程师在罢工中会选择与工人形成联盟，但并不能说它是工人阶级的一个阶层。阶级规定就是由生产关系、政治和意识形态在结构中的地位所规定的在阶级实践中的存在。阶级斗争的具体形势体现了社会形态的独特性。

此外，普兰查斯探讨了社会形态中的阶级分化问题。他认为社会形态并不是纯粹生产方式的具体化，而是作为生产方式存在和再生产的场所，阶级斗争在具体的社会形态中推动历史的进程，因此不能以抽象的生产方式去分析社会阶级，而是应该从具体的阶级实践和斗争中把握它。一方面，阶级受到社会形态中阶级斗争的影响，特别是其他阶级和派别围绕资产阶级与无产阶级的分化，资本主义社会阶级分化受到这两个基本阶级的多元决定影响。另一方面，一个社会阶级是处于这个社会形态与其他社会形态以及它们相互的阶级关系之中的。普兰查斯认为，像帝国主义作为资本主义扩大再生产的社会形态，仅用资本主义的生产方式去解释是不够的。

关于阶级斗争与阶级的结构规定之间的接合关系，普兰查斯使用了“战略概念”这个术语来描述阶级分化与阶级联盟的现象。其中，在统治阶级这边，“权力集团”这个概念表明统治阶级和派别的特殊联盟；同样，在被统治阶级这边，“人民”的概念表示它们的特殊联盟。“一个阶级、派别或阶层能否成为权力集团的一部分或者人民的一部分，取决于社会形态、所处的阶段时期以及接合关系。”[①]这也意味着作为某个联盟一部分的阶级、派别或者阶层，并不会因加入其他的联盟中而失去自身的阶级规定。以民族资产阶级为例，当它成为人民的一部分时，其阶级规定（阶级属性）依然是资产阶级，并不会因为加入人民之中就解体转化为另一个阶级。

① Nicos Poulantzas, *Classes in Contemporary Capitalism*, London: NLB, 1975, p.24.

（三）社会阶级与国家机器

普兰查斯认为，国家机器在对社会阶级的存在以及社会再生产中扮演着重要角色。他深化了葛兰西和阿尔都塞的国家与国家机器的概念，指出国家机器具有两种含义：一是压迫性的国家机器，主要包括警察、监狱、司法机构等维护统治的国家暴力机关；二是阿尔都塞所提出的意识形态国家机器，包括教育系统、宗教传播、新闻媒介、文化出版以及工会和政党等多种形式，普兰查斯还补充了家庭也作为资本主义生产方式下的一种机器，这比阿尔都塞所说的关系更为丰富。此外，普兰查斯区分了国家机器与经济机器，经济机器是对意识形态关系与经济关系的物质化、具体化。“社会阶级和它们的再生产仅仅以它们与国家机器和经济机器的关系的方式存在：这些机器不只是作为阶级斗争的附加，还在阶级斗争中充当了一种构成性作用。”[①]也就是说，阶级的结构决定不仅只是局限于它在生产过程中的地位，而是扩大到劳动分工中的各个层面，国家机器以政治和意识形态的物化和具体化形态参与其中。

在普兰查斯看来，国家机器虽然并不直接产生社会分工，却能够使阶级扩大再生产，主要包含两个方面：其一是阶级地位的扩大再生产，这取决于生产方式的经济要素与其他要素（如意识形态要素）多元决定的结构在阶级实践中所发挥的作用，因此国家机器对政治和意识形态的再生产的过程就是对阶级地位的再生产。其二是教育作为意识形态国家机器中的一个重要部分对于社会阶级的再生产具有特殊意义，国家机器可以通过教育的实施、劳动力培训与资格认证、技术革新、脑体劳动分工等方式提高相对剩余价值的生产，也体现了政治意识形态的意义，如针对不同阶层施行不同的福利政策即是一种意识形态的再生产，因为它掩盖了社会分层现象所造成的大众孤立与分化。

① Nicos Poulantzas, *Classes in Contemporary Capitalism*, London: NLB, 1975, p.29.

总之，以纯粹的生产方式和只限于经济领域去分析社会阶级的扩大再生产是不足的，国家机器作为社会阶级关系的物质浓缩，需要我们深入理解其政治的上层建筑所带来的影响。

第二节　资产阶级、权力集团与资本主义国家

一、资产阶级的内部矛盾变化

按照普兰查斯的观点，对资本主义这一具体社会形态的考察，不能从外在关系的视角上将其看作为单一的集合，而要从内部结构角度看到各个环节和要素之间的关系和矛盾，也就是说，要看到资本的不同派别之间以及垄断资本与非垄断资本之间的内部矛盾，这种矛盾会随着不同的时期和阶段而发生变化。如前所述，普兰查斯把资本主义的发展划分为不同的时期，他接受了列宁关于帝国主义是资本主义特殊阶段的观点，即把战后西方资本主义分为自由竞争时期（竞争的资本主义阶段）与帝国主义时期（垄断的资本主义阶段）。资产阶级在自由竞争时期被划分为三个不同派别：工业资产阶级、银行资产阶级和商业资产阶级。在经济统治上资产阶级的某个派别有时占统治地位，而在政治统治上则并不是由一个阶级或派别进行统治，而是几个统治阶级或派别构成一个由统治阶级或派别（即霸主阶级或派别）领导的权力集团。这种霸权并不完全取决于该阶级或派别的经济统治地位，而是要根据特定时期的具体形势和阶级斗争而不断调整变化。

关于生产与流通的关系，普兰查斯认为马克思更为强调生产的决定作用，资本的增值过程应被理解为社会总资本的再生产，资本的各个部分和要素都是作为社会再生产的其中环节，“生产资本转化为货币资本，通过商品资本的中介再回到生产资本。资本是一种社会关

系,生产过程和流通过程都不能看作是各自独立的"[1]。也就是说,社会总资本的扩大再生产并不是由资本的流通决定,最终要回归到生产领域,这样一来,扩大再生产应被视为生产关系与劳动过程的接合,社会阶级虽然出现于流通过程,但其阶级的结构决定是以生产关系为根本的。由此可见,对马克思《资本论》的分析方向应当从资本的流通深入到资本的生产和扩大再生产。

按照普兰查斯的分析,在自由竞争的资本主义时期,工业资产阶级、银行资产阶级和商业资产阶级之间既相互联系又存在矛盾,生产资本占统治地位,因此工业资产阶级占据着基础性的地位。而在帝国主义阶段,工业资本与银行资本合并,再与商业资本共同合并为垄断资本,这种新的结合方式在普兰查斯看来引起了资产阶级内部矛盾的变化。值得一提的是,关于垄断资本的分析,罗莎·卢森堡和希法亭分别强调了商业资本与银行资本的优先性地位,从市场流通的角度分析垄断资本,而列宁则发展了马克思的理论,以生产资本的决定作用为基础进行考察。在普兰查斯看来,垄断资本并不是简单的合并关系,而是在金融资本内部存在着工业资本与银行资本的矛盾关系。一方面,金融资本是工业资本、银行资本、商业资本合并后的一种新的关系及其再生产;另一方面,金融资本不是银行资本,工业资本和银行资本的合并,并不等同于银行接管工业或银行资本的统治。显然,普兰查斯的分析受到列宁的帝国主义理论的影响。如果说马克思指出了工业资本(在他那里表述为"生产资本")在资本主义条件下所起到的统治作用,那么列宁则进一步阐释了金融资本中资本所有权与经营权之间、货币资本与工业资本之间分离的现实。普兰查斯认为资产阶级内部的这种合并过程的统治作用取决于工业资本的集中。"垄断资本主要是工业资本的集中,是在单一经济所有权下的生产单位和生产资

---

① Nicos Poulantzas, *Classes in Contemporary Capitalism*, London: NLB, 1975, p.94.

本的融合,货币资本的集中旨在发挥生产资本的作用。"①工业资本的决定作用源于生产资本自身能够生产价值,而这是资本积累和剩余价值不断产生的根本。按照该逻辑的发展,工业—生产资本的集中会引起生产关系新形式的变化,这些反映在生产过程和具体的劳动分工中。

二、垄断资本、非垄断资本与权力集团

(一)垄断资本主义的本质

普兰查斯接受列宁关于"帝国主义是资本主义的最高阶段"的理论。在他看来,垄断资本是资本主义扩大再生产的形式变革,其生产关系的实质并没有发生变化,因而仍然是资本主义。这是因为资本主义的不同阶段变化的只是剩余价值的占有形式,而对于劳动者与劳动资料的分离、工人在生产关系中的地位,这种现实并没有发生改变。"资本主义扩大再生产的不同变化形式在于经济所有权和占有关系的接合关系的变化,这种变化会给劳动过程的社会带来影响,却不会改变资本主义生产关系的根本结构。"②显然,普兰查斯以结构主义的方法将资本主义扩大再生产变革看作是资本主义生产方式这个结构下的两个环节之间的接合关系发生了变化。

普兰查斯进一步指出,经济所有权和占有关系的接合变化是权力关系的体现,因为它表现了资本和劳动之间的矛盾。在自由竞争资本主义时期,资本家既有经济所有权,劳动过程也被其直接控制和管理。而随着劳动过程的资本主义社会化,经济所有权和占有权逐步分离,私人资本家享有法律所有权。到了垄断资本主义时期,股份公司的出

① Nicos Poulantzas, *Classes in Contemporary Capitalism*, London: NLB, 1975, p.111.

② Nicos Poulantzas, *Classes in Contemporary Capitalism*, London: NLB, 1975, p.117.

现使得经济所有权与法律所有权分离。股份公司作为法律所有权的表现形式,“是资本家阶级范围内的法律所有权的社会化”①,也就是说,虽然所有权归持股者所有,但是实际上的权力并没集中于他们手中。资本的集中被法律所有权掩盖起来,同样被掩盖的还有垄断资本的矛盾。比如,要控制工业公司的经济所有权,不用占有代表法律所有权的股份的多数,银行集团在金融和信用条件上就可以实际控制生产资料和管理权。为了所有权的集中,资本之间冲突对立甚至斗争,经济所有权和占有关系的分离引发资产阶级的内部矛盾。

(二)垄断资本与非垄断资本的界限

关于垄断和非垄断的确定标准,普兰查斯认为不能仅依据技术标准,而是要结合生产关系和劳动分工。垄断的出现是生产关系变革的表现和结果,生产关系的改变和劳动的社会分工的新形式表现在垄断资本和资本集中的趋势。也就是说,垄断资本主义通过提高剥削率等举措来遏制其利润率下降,这种剥削不仅体现在改变工资标准,也包括提高劳动生产率。这样一来,不变资本在资本的有机构成中明显提高了,而与“死劳动”相比,“活劳动”的比例下降了。垄断资本的特征即是“活劳动”对“死劳动”比例的下降。② 垄断资本并不是废除市场竞争,而是在不同领域的一种不完全竞争。在普兰查斯看来,垄断资本与非垄断资本的区分是相对的,要结合货币资本的集中和生产资本的集中来考察,而不能以经验主义依据公司规模和工人数量标准区分它们。

在普兰查斯看来,垄断资本与非垄断资本的界限不仅是相对的,

---

① Nicos Poulantzas, *Classes in Contemporary Capitalism*, London: NLB, 1975, p.125.

② “活劳动”,是指生产物质资料过程中劳动者的体力和脑力消耗过程,是处于流动状态的人类劳动。“死劳动”,也叫“物化劳动”,是凝结在劳动对象中体现为劳动产品的一般劳动。马克思认为,价值是活劳动创造的,死劳动作为生产资料,只能转移自身价值而不能创造新价值。

而且也是可变的。在垄断资本的统治期间，是允许非垄断资本的自由竞争资本主义继续存在的，非垄断资本虽然不能在劳动社会化中扩大经济所有权，但能以股份公司的法律形式存在，它们之间的差别在于生产关系。垄断资本对非垄断资本具有保留（conservation）和分解（dissolution）的作用，这种分解并不是消除或直接接管非垄断资本，也不是形式上的剥夺，而是为非垄断资本保留边缘性的地位。普兰查斯分析了这种现象产生的原因：其一，非垄断资本占据的部门在特定时期产生的利润有限，这有利于垄断资本在其利润率下降时选择投资；其二，像美国和日本的电子科技产业等行业非垄断资本比垄断资本有更大的创新可能，保留非垄断资本的存在有助于规避风险；其三，垄断资本能以低价收回技术创新；其四，非垄断资本可以分流、吸收不平衡的劳动力市场中的低层次工人；其五，非垄断资本在集成化生产中依然具有作用，非垄断资本不进入复杂生产的关键核心，但像在自动化组装这样的行业里依然有用；其六，垄断资本定价时会借以参考非垄断的高成本低效率来隐藏超额利润。[①] 总而言之，保留非垄断资本的存在对垄断资本是有利的，它们都是作为一个垄断资本扩大再生产的结构里的环节要素相互作用。

（三）垄断资本与非垄断资本间的权力矛盾

普兰查斯认为资产阶级的内部矛盾主要体现为垄断资本相互之间的矛盾、垄断资本和非垄断资本之间的矛盾以及非垄断资本资本相互之间的矛盾。首先，在垄断资本内部，存在着工业垄断资本相互之间、银行垄断资本相互之间以及金融资本与商业资本之间的矛盾，其中，工业垄断资本相互之间的矛盾体现在工业资本集团支配市场、夺得国家财政支持、投资获益的项目等形式上。而银行垄断资本相互之间的矛盾则表现为银行集团操纵货币市场交易成为最大的金融受益

---

① Nicos Poulantzas, *Classes in Contemporary Capitalism*, London: NLB, 1975, pp.142-143.

者等。其次是垄断资本与非垄断资本之间的矛盾。非垄断资本的存在是服务于垄断资本政治利益的手段，正如前面所说，非垄断资本与垄断资本之间实际上分解作用大于保留，也就是说，垄断资本让非垄断资本保留法律所有权独立，但是在经济所有权上依旧牢牢控制生产资料和支配资源的权力，这使非垄断资本因为得不到支持处于弱势的情况下，为争取利益和独立会以投入政治和意识领域的活动达到限制垄断资本经济压迫的目的。最后是非垄断资本相互之间的矛盾。非垄断资本通过间接和多样的形式依附垄断资本，因此垄断资本相互之间的矛盾常常表现为非垄断资本相互之间的矛盾。此外，垄断资本与非垄断资本的矛盾会使非垄断资本争取大众阶层和其他非垄断资本的支持以形成联盟，从而反抗垄断资本的利益剥夺。

总之，普兰查斯通过对垄断资本与非垄断资本之间矛盾的分析，意在强调非垄断资本作为统治阶级的一部分，在分析时常常被排除在资产阶级的统治集团之外，被纳入被统治阶级中。“在这种激烈斗争的背景下，垄断资本和非垄断资本都渴望得到大众阶层的支持，以达到反对对手的图谋。”①事实也正是如此。资本集中和利润率的下降是工人阶级和大众斗争的结果，生产关系和剥削关系的变化是阶级斗争的体现，资本的扩大再生产是权力集团的统治阶级的矛盾结果，根源在于资产阶级和工人阶级的阶级斗争。垄断资本作为权力集团的组成部分和资产阶级的一部分，在向社会主义的过渡中可以借用垄断资本与非垄断资本的这种矛盾，使大众阶级与非垄断资本结盟，这与普兰查斯的政治战略是相符合的。

三、资本主义条件下权力、阶级与国家的关系

普兰查斯在国家理论与阶级理论中既突出了国家对阶级实践的作用，又强调阶级斗争对国家权力的影响。关于权力与阶级的关系，

---

① Nicos Poulantzas, *Classes in Contemporary Capitalism*, London: NLB, 1975, p.148.

普兰查斯在早期的著作中指出“权力”的概念是由阶级实践的领域所构成的，阶级关系就是权力关系，“阶级”和“权力”是同类的概念。而在后期著作中，普兰查斯认为阶级并非建构权力的唯一领域，权力关系往往超越于阶级关系，这是由于权力并不只由阶级分工催生，像性别分工也催生权力，但与阶级分工没有直接关系。但是，阶级权力是权力的重要组成这一点是毋庸置疑的。而在权力与国家的问题上，普兰查斯认为权力超出了国家和意识形态机器的范畴，也就是说，权力不能只从国家一个方面去理解，权力问题也不能还原成为国家问题。同时，普兰查斯强调国家对权力的产生和发展发挥着主导性的作用，“国家是以制度化的政治权力而存在的”①。在当代资本主义条件下，脑体分工是国家权力制度化运作的结果，国家在脑体分工的再生产环节具有重要的影响。国家作为“脑体劳动分离的刻写”②，通过建立权力和知识之间的联系，使得脑力劳动与政治统治共同完成脑体分工的这种再生产，同时也获得统治的新手段，权力与国家的关系变得愈发紧密。

（一）国家是阶级力量对比和矛盾的浓缩

普兰查斯分析了资本主义条件下资产阶级与国家的关系，指出资本主义国家的统治是由几个阶级和派别组成的权力集团构成，国家在代表霸主阶级和派别的利益的同时具有相对于这些阶级和派别以及权力集团的相对自主性，这种相对自主性能够在维护和保证权力集团利益的同时，借此组织霸主阶级领导下的各个因素妥协的不稳定平衡。由于资本主义生产关系以劳动者与劳动资料分离为特征，这种特有的政治与经济的相对分离使得资本主义国家具有相对自主性。“相对自主性是资本主义国家作为阶级的代表和成为领导权的政治组织

① Nicos Poulantzas, *State*, *Power*, *Socialism*, London: Verso, 1980, p.152.

② Nicos Poulantzas, *State*, *Power*, *Socialism*, London: Verso, 1980, p.152.

的必要条件。”[①]在普兰查斯看来，国家不能被简单还原为统治阶级的工具，而是作为“力量平衡的凝缩”[②]。相对自主性使得国家在作出决策时往往以权力集团的整体利益和统治阶级的长远利益为优先考虑的问题。资本主义国家通过阶级政党和国家机器发挥对霸主阶级和派别、权力集团的领导作用，资本主义的国家形式与霸主阶级和派别、权力集团的接合关系有关，同时也受到阶级斗争领域的影响。

从自由竞争资本主义到垄断资本主义生产方式的变革，不仅要考虑国家与经济的关系，还要考察阶级关系和阶级矛盾的变化形势。国家垄断资本主义论的观点认为资本的合并和大垄断资本的统治已使得权力集团不复存在，大垄断资本独占政治统治，并排除了资产阶级的其他派别，这种独占统治地位也排除了非垄断资本，也就是说，把资本主义看作是垄断资本的操纵工具。普兰查斯认为国家与经济并不是外在性的关系，国家垄断资本主义论的这种分析没有考虑到权力集团和国家的相对自主性，是一种工具主义的国家观，这种观点将导致对当代国家机器的分析是含糊不清的，会得出只要把大垄断资本从权力中驱逐出去国家就可以为社会主义利益服务的结论。在普兰查斯看来，考察垄断资本主义的本质关键是要结合资本主义国家的特点，即它是统治阶级或派别利益的代表，但并不能简单地还原为统治阶级的工具，而是要把国家看成是权力对比关系的凝缩。“当代资本主义国家与垄断资本的相对自主性，是由资产阶级和无产阶级的根本矛盾决定的，是由垄断资本内部斗争和矛盾决定的。相对自主性使国家起到凝聚垄断资本内部统一的作用和确保垄断资本的领导权。”[③]也就是说，垄断阶级并不是统治阶级的唯一组成，它只是作为霸主阶级领导

① Nicos Poulantzas, *Classes in Contemporary Capitalism*, London: NLB, 1975, p.98.

② Nicos Poulantzas, *Classes in Contemporary Capitalism*, London: NLB, 1975, p.98.

③ Nicos Poulantzas, *Classes in Contemporary Capitalism*, London: NLB, 1975, p.106.

权力集团，一些非垄断阶级也是权力集团的一部分，统治阶级是资产阶级整体。

资本主义国家的相对自主性使得垄断资本主义国家并没有完全服务于满足垄断阶级的直接利益和短期利益，而是立足于垄断资本的长期利益建立起垄断资本与非垄断资本的妥协策略，以达到力量上的平衡。普兰查斯认为，国家的经济干预并不只为大垄断资本服务，也不仅是基于生产需求的技术性手段，而是一种政治干预策略。这种国家干预也服务于非垄断资本，比如为非垄断资本提供政策支持和法律保障。国家的相对自主性不是作为资产阶级代理人的凝聚实体，而是体现为力量对比关系和矛盾，这实际上是统治阶级与被统治阶级斗争结果的体现，体现了权力集团的内部关系。总而言之，作为权力集团的凝聚要素，资本主义国家的相对自主性以一种复杂的（非简单工具的）形式说明国家是阶级力量对比和矛盾关系的凝缩。

（二）国家是阶级斗争的战略性场所

在提出国家是阶级力量对比和权力关系的物质性凝缩的基础上，普兰查斯进一步指出，要把国家作为“相互交叉的权力网络的战略性场所”①。关于资本主义国家性质，普兰查斯反对工具主义和主体论（唯意志论）的国家观，工具主义把国家视为统治阶级或派别操纵掌握的工具化实体，这导致国家失去相对自主性；主体论国家观认为国家是完全自主的主体，从而遮蔽了国家和统治阶级之间的关系。它们的共同点在于国家只是与社会阶级外在地联系在一起，因而体现为一个没有矛盾分歧的统一集团，前者是阶级矛盾通过国家外部表现，后者是国家矛盾呈现在社会阶级之外。工具主义的国家观仅从国家外部看待资产阶级派别的权力斗争和矛盾冲突，主体论国家观则把国家的自身利益和意志强加在社会之上，只从国家机器和官僚机关的内部分析矛盾却忽略了阶级斗争的要素。在普兰查斯看来，国家归根结底取

① Nicos Poulantzas, *State*, *Power*, *Socialism*, London: Verso, 1980, p.136.

决于内部的阶级矛盾和阶级斗争关系。

此外,普兰查斯还指出,国家对"异质性权力"①的接管对于统治阶级的经济、政治和意识形态权力具有构建作用,"国家通过介入异质性权力关系并赋予阶级性,将这种关系集中到阶级权力的关系网中"②。这种对异质权力的运用通过国家集中于阶级权力上,也把阶级关系扩展到其他权力关系中,使得国家成为权力实践的场域。这意味着,对统治阶级而言,国家的相对自主性不仅可以为其经济利益和政治利益服务,还可以通过阶级权力网的运作,制定出全面的战略性政策。这样一来,关于社会主义的政治战略要从资本主义国家的内部,即从阶级力量和权力关系的对比和矛盾中进行。

第三节 新小资产阶级理论

在普兰查斯对阶级理论的阐述中,关于小资产阶级的分析占据着特殊的地位。在《当代资本主义社会中的阶级》里,他多次强调小资产阶级问题的特殊性和重要性,这是由于小资产阶级相对于资产阶级和工人阶级,在当代资本主义条件下对欧洲的社会主义革命战略具有重要的影响。"对小资产阶级的分析不仅是当前帝国主义大都市条件下阶级结构问题的核心,而且也是被统治的、依附性的'边缘'形态的关键,正如已对边缘问题的讨论所体现的那样,它的确是马克思主义社会阶级理论的重要问题。"③从这个意义上说,普兰查斯认为准确把握

---

① "异质性权力"(heterogeneous power),这里主要是相对于阶级权力之外的各种权力关系,如性别和民族关系,它们不同于阶级关系,却可以在资本主义条件下以国家、公司和工厂的形式将其他权力机制纳入阶级权力关系。比如资本主义工厂中的男性工人与女性工人可以按生产方式和生产条件进行社会化的劳动分工。

② Nicos Poulantzas, *State, Power, Socialism*, London: Verso, 1980, p.43.

③ Nicos Poulantzas, *Classes in Contemporary Capitalism*, London: NLB, 1975, p.193.

和分析垄断资本时期小资产阶级现实状况，对构建合理的政治战略是必要的。

一、传统小资产阶级与新小资产阶级

随着自由竞争资本主义向垄断资本主义时期的转变，传统意义上的工人阶级规模日益缩小，传统的小资产阶级如手工业者、独立的小商品生产者和私有店主数量也在减少，取而代之的是新的岗位和阶层大量涌现，这些职位包括企业白领、公务员、办公室文员、技术与管理人员、工程师与培训师等新的工薪群体。对这些新职业的阶级判定也成为学界讨论与关注的热点。面对这种形势，有观点解释为这是无产阶级衰落的表征，从而将这些群体定义为资产阶级；也有的将其视为无产阶级的一部分；还有的把这些群体划分为中间阶级。而在普兰查斯看来，这些新的雇佣群体既不属于资产阶级，也不属于无产阶级，他提出"新小资产阶级"用以概括这些新群体的阶级属性。在区分传统小资产阶级与新小资产阶级之前，普兰查斯首先对新劳动群体的阶级界定进行了批判。

（一）对新劳动群体阶级界定的批判

首先，普兰查斯批判了资本和劳动的二分法这种对阶级归属的分析方式，他认为对阶级进行资本和劳动的二分无法正确反映垄断资本主义条件下阶级结构的变化。在他看来，资本和劳动的二分法只是将社会新出现的阶级现象在资产阶级和无产阶级这两个层面划分，这样一来新劳动群体的特性就被遮蔽起来，以至于它的阶级特殊性和正面意义被消解。

其次，针对马勒等人的"新工人阶级论"观点，普兰查斯指出了其局限性。以马勒为代表的新工人阶级论认为，随着当代资本主义国家的发展，工人阶级的素质以及构成也发生了变化，社会的绝对贫困化日渐消失，而在广大的工人阶级内部出现了"新工人阶级"这一特殊的群体。马勒在《新工人阶级论》中概括了这一新工人阶级的主要特征："新工人阶级处在现代资本主义的最复杂机制的核心，它比任何其他人都更快地认识到这个制度的固有矛盾。正因为其基本要求已多半得到满足，新工人阶级才提出不能在消费领域中得到解决的其他问题。有关控制企业问题的每一局部要求，都对工业的等级制本质提出了质问。"[①]这种理论试图跳出剥削与雇佣关系的传统工人阶级理论来寻求新的基础。而在普兰查斯看来，这种理论受到了"技术决定论"的影响，试图通过社会分工给工人阶级内部设置隔离，从而降低了工人阶级的革命性。这体现在他们的斗争方式往往采取短期、协调良好的罢工，即一种企业工团主义的策略路线，为在企业中把权力和平过渡到工人手中而斗争的策略模式。

最后，普兰查斯对"中产阶级理论"进行了批评。在"中产阶级理论"看来，面对资产阶级与无产阶级的敌对，中产阶级被视为调节的核心以及维持资本主义社会稳定的基本要素，中产阶级的日益扩大使自身不仅具有像资产阶级和工人阶级一样的地位，还支撑着社会的发展。对工薪群体的这种界定在普兰查斯看来虽然得到了重视，却分散了阶级斗争的可能。"中产阶级在这里变成了同质化的集团(homogenous group)，它使得工人阶级其中一部分变得越来越资产阶级化，也让资产阶级的社会地位逐步丧失。"[②]也就是说，由于这种持续性的变化将会造成阶级的同化与融合，使得阶级斗争逐步消解灭亡。在普兰查斯看来，中产阶级理论与马克思主义的阶级理论是相悖的，新阶层并不出现在资产阶级、小资产阶级和工人阶级之外，阶级斗争也不会就此消失。

(二)新小资产阶级与传统小资产阶级的区分

传统小资产阶级是由那些独立手艺人、工匠、小生产者以及商人

① 李青宜:《当代法国"新马克思主义"》，当代中国出版社 1997 年版，第 86 页。

② Nicos Poulantzas，*Classes in Contemporary Capitalism*，London：NLB，1975，p.197.

所组成的，他们既直接生产商品，又占有生产资料，“这种小资产阶级并不属于资本主义的生产方式，而是属于简单的商品形式，从历史上说，是从封建制度向资本主义制度的一种转化形式”[①]。也就是说，这种以家庭为载体进行小规模的商品生产和流通，与资产阶级之间并不存在什么雇佣关系，更谈不上剥削关系和创造剩余价值。而新小资产阶级则不同，从经济上说，他们属于资本主义的生产方式，并不占有劳动工具，收入上以获取工资作为经济来源，新小资产阶级主要包括并未直接从事生产活动的工薪群体，像企业职员、办公室雇员、公务员、技术与管理人员、工程师与培训师以及商业、银行、服务行业的从业人员等都属于这个群体。新小资产阶级不仅在产生背景上与传统小资产阶级不同（新小资产阶级诞生于垄断资本主义的条件下），而且在经济上也会出现与传统小资产阶级的矛盾对立，这体现在垄断资本对传统小资产阶级的吞并和挤压使其日益萎缩，新小资产阶级却依靠垄断资本提供的机会获得迅速发展。此外，从政治角度上说，垄断资本条件下国家的扩张和干预由于威胁到传统小资产阶级的生存因而遭到其政治上的反对，而同样的形势下新小资产阶级却能从中获取利益。

（三）小资产阶级意识形态亚总体

既然新小资产阶级与传统小资产阶级在经济关系上是如此的不同，那么为什么还会将新小资产阶级这个群体划归到“小资产阶级”的概念内涵中呢？在此，普兰查斯运用了结构主义的方式去界定阶级属性，即二者虽然在经济关系中占据不同的地位，但在政治和意识形态上却具有相同的影响。换言之，普兰查斯虽然承认经济关系对阶级判定的基础作用，但也同时将政治和意识形态作为阶级判定的标准。新小资产阶级与传统小资产阶级的共同点即二者既不属于资产阶级也不属于工人阶级，这是从对阶级的两分法的否定上来

---

① Nicos Poulantzas, *Classes in Contemporary Capitalism*, London: NLB, 1975, p.285.

界定的，而从政治和意识形态的角度上说，“小资产阶级与工人阶级相比，并不在剥削关系的中心位置，并没有直接榨取剩余价值，但它经历了一种两极分化，使它所处的政治和意识形态关系发生了非常复杂的变化”①。也就是说，只从马克思的经济判定标准去判定小资产阶级是不足的，但这并不是对马克思经济判定标准的批判与否定，而是取决于小资产阶级在资本主义形态中阶级斗争的具体形势。

普兰查斯认为，新小资产阶级与传统小资产阶级同属于小资产阶级这一共同性质是从意识形态的效果这个意义上判定的，即二者同属于“小资产阶级意识形态亚总体”（ideological sub-ensemble），小资产阶级意识形态亚总体是相对于占统治地位的资产阶级的意识形态而言的，小资产阶级其自身并没有长期自主的阶级立场，它的阶级立场受到小资产阶级意识形态亚总体的影响。作为两个基本的阶级，资产阶级和工人阶级之间的阶级对立特别是意识形态间的阶级斗争形成较为系统的意识形态总体，它影响着小资产阶级的意识形态亚总体，因此体现为一种双重性，即受到资产阶级意识形态影响同时也受工人阶级意识形态影响。这个亚总体受到资产阶级意识形态的影响，资产阶级意识形态危机直接反映在小资产阶级中，直接影响其阶级立场。小资产阶级也是被剥削和被统治阶级，它的意识形态与剥削统治相关，工人阶级的意识形态同样对其产生影响。值得注意的是，意识形态亚总体是在阶级斗争的实践领域建构起来的，体现了作为新旧统一的小资产阶级在资产阶级与工人阶级的斗争中的两极分化，因此并不能看作是“概念的总体，即一种固定化了的意识形态总体”②，而是作为阶级实践的物化，反映出资产阶级意识形态、小资产阶级意识形态和工人阶级意识形态因素的特殊共在。

---

① Nicos Poulantzas, *Classes in Contemporary Capitalism*, London: NLB, 1975, p.207.

② Nicos Poulantzas, *Classes in Contemporary Capitalism*, London: NLB, 1975, p.289.

二、新小资产阶级的结构决定

（一）新小资产阶级的经济决定

如前所述，普兰查斯认为，社会阶级的判定不能仅限于经济标准，还有政治和意识形态标准，像白领工人这个新的以赚取工资为主要收入方式的群体并不会像传统小资产阶级那样逐渐萎缩，反而会随着自由竞争资本主义向垄断资本主义的转化而壮大。在他看来，新小资产阶级由于在经济上既无生产资料也不占有劳动资料，所以并不属于资产阶级。而它像工人阶级一样作为雇佣劳动者赚取工资为收入来源，据此是不是能把小资产阶级划归到工人阶级的阵营中呢？按照普兰查斯的说法，如果说每一个属于工人阶级的生产承担者都是雇佣劳动者的话，这并不意味着每一个雇佣劳动者都必然属于工人阶级。工人阶级的定义不是根据一个简单的和固定的否定性标准，即它被排除于所有权之外，而是根据生产性劳动这个标准来确定的，用马克思的话说就是，每一个生产性劳动者都是雇佣劳动者，但不等于说每一个雇佣劳动者都是生产性劳动者，即赚取工资收入的劳动者并不一定都属于工人阶级。

1.生产性劳动与非生产性劳动

为了区分新小资产阶级与工人阶级，普兰查斯使用了生产性劳动与非生产性劳动的经济标准。他认为界定是否为工人阶级就看是否从事生产性劳动。那么，什么是生产性劳动呢？普兰查斯认为，在资本主义生产方式中，生产性劳动就是生产剩余价值的劳动，是维持资本的价格，并且与资本相交换的劳动。也就是说，生产性劳动是直接为特定生产方式的社会剥削关系所支配的劳动，是在一定的社会条件中进行的，在给定生产方式中的生产性劳动是引起这种方式的剥削的统治关系的劳动。只有从事生产性劳动的雇佣者才是工人阶级，而不直接生产剩余价值的劳动是非生产性劳动，这样一来新小资产阶级就从工人阶级的领域中被排除了。普兰查斯指出，作为非生产性劳动的小资产阶级包含如下几类：

第一，资本流通领域以及有助于剩余价值实现领域的雇佣劳动者。在普兰查斯看来，像商业、市场、财会、银行和保险这些领域的从业人员都不生产剩余价值，只是协助剩余价值在资本的各部门分配，因此这些从业者的劳动属于非生产性劳动，不构成工人阶级。

第二，以劳务形式表现出来的服务性领域的群体，包括劳务提供者与雇佣劳动者组成的集团，都被排除在生产性劳动以外。像律师、医生和教师等从事的劳务尽管有助于劳动力的再生产，但其工资支付的形式没有改变经济关系的本质，仍属于非生产性劳动。服务业中的产品和活动作为使用价值消耗，但与税收之间的交换是平等的，并不存在剥削关系。

第三，国家机关的公务员、文职人员，以及医疗、司法、建筑行业领域的从业人员，这些部门的劳务承担者有助于资本主义社会关系的再生产，但在这里资本不是直接剥削劳动力，资本不是以资本家出现，而是以公共服务的购买者出现，这些挣工资的雇佣者也没有成为工人。普兰查斯还完善了马克思关于生产性劳动的阐述："生产性劳动在生产剩余价值的同时，直接再生产作为剥削关系的基础的物质要素，这种劳动直接包含在生产增加物质财富的使用价值的物质生产过程中。"[①]以这样一个关键性论点为基础对生产性劳动加以完善，这与资本主义生产性劳动的定义具有同样重要的意义。

第四，科学研究和"情报生产与分配"的信息技术人员。普兰查斯认为科学技术工作不属于生产性劳动，"科学家本身的工作，今天绝不会比过去更直接地包含于物质生产过程之中。在资本主义的条件下，科学研究仍然是某种脱离直接生产者的劳动，它不是直接包含于物质生产过程之中，而是像马克思所说的那样，通过'技术的应用'，与物质

① Nicos Poulantzas, *Classes in Contemporary Capitalism*, London: NLB, 1975, p.216.

生产过程中的这种或那种要素，与劳动力或者生产资料结合在一起。因此，科学研究和情报工作成了不是生产剩余价值的劳动”①。就像文艺作品不生产价值一样，即使科学研究的工作具有像商品一样的专利权和特许权的形式，但它们并不生产剩余价值，所以仍然是非生产性劳动。

普兰查斯用生产性劳动与非生产性劳动区分工人阶级与新小资产阶级的方式招致了很多人的非议。反驳的观点包括两方面：一方面认为普兰查斯将生产性劳动和非生产性劳动与阶级相等同是错误的，马克思并没有意图用生产性劳动来划分阶级；另一方面，有观点认为只把工人阶级限制在物质生产领域是片面的，在当代资本主义条件下，很多劳动既有生产性的方面也有非生产性的方面。

2.非生产性劳动的发展趋势

普兰查斯分析了非生产性劳动在当代资本主义条件下特别是垄断资本主义阶段中的发展趋势，表明了新小资产阶级向工人阶级分化的可能。

首先，非生产性劳动中的女性雇员数量持续增长。以法国为例，在20世纪40～60年代，第二产业中的女性从业人数增长了近40%，大量的女性雇员在技术含量低的非生产性劳动部门如零售贸易、办公室与服务行业工作，她们的职位处于统治集团等级制度的下层，相应地，工资水平也较低。

其次，从事生产性劳动和非生产性劳动的群体工资收入差距逐渐缩小，这是与资本主义扩大再生产以及垄断资本主义的内涵式剥削关系分不开的，这个现象也说明收入差别也有政治方面因素的介入，因为它只是发生在未达到一定教育水平的小资产阶级下层和工人阶级之间。也就是说，工人阶级与中层以上管理者和技师的工资水平差距依然在拉大。“小资产阶级不只体现了工资方面相对贫困，更体现了

① Nicos Poulantzas, *Classes in Contemporary Capitalism*, London: NLB, 1975, pp.222-223.

小资产阶级与工人阶级关系的贫困。”[①]这表现为女性白领雇员的工资高于女性体力劳动者但低于男性体力劳动者的事实，这是垄断资本主义的剥削政策加剧了小资产阶级的分化带来的结果。然后是脑体分工的再生产所导致的新小资产阶级的分裂。普兰查斯认为这是“知识的碎片化、任务的标准化以及分层化的小资产阶级在决策层与执行层之间的分工”[②]。通过国家的教育机器（即文化与意识形态机器）的作用，使得新小资产阶级需要达到一定教育水平才能获得脑力劳动的资格，这影响了他们谋求脑力劳动职位。

最后，普兰查斯分析了新小资产阶级生活条件的变化，即资本除了在经济上占据了劳动部门之外，还在与雇佣劳动者相关的生活领域产生影响，如住房、交通和城市休闲等领域，这是资本在流通过程中以金融资本等方式对消费商品模式产生影响。这样一来，非生产性劳动的变化使新小资产阶级的某些群体在工资收入上失去了对工人阶级的优势，“新小资产阶级像工人阶级的汇集那样成为一种共同体”[③]。而按照普兰查斯的观点，这种形势的新变化需要加强工人阶级与新小资产阶级之间的阶级联盟。

（二）新小资产阶级的政治与意识形态决定

普兰查斯通过对生产性劳动与非生产性劳动的界定区分了新小资产阶级与工人阶级，从经济上判定了新小资产阶级的阶级特征。然而综观他的阶级理论，仅从经济关系并不能完全划定二者的界限，特别是一些特殊职业比如生产过程的监督与管理人员、工程师和技术人员的阶级划定，因此还要参考政治与意识形态的作用，即阶级判定受

---

① Nicos Poulantzas, *Classes in Contemporary Capitalism*, London: NLB, 1975, p.307.

② Nicos Poulantzas, *Classes in Contemporary Capitalism*, London: NLB, 1975, p.309.

③ Nicos Poulantzas, *Classes in Contemporary Capitalism*, London: NLB, 1975, p.312.

到社会各个要素环节包括政治与意识形态的多元决定。所以，普兰查斯在此基础上提出了阶级判定的政治标准和意识形态标准。

1.劳动的技术分工与社会分工

对于在生产过程中担任监督与管理工作的人，该如何判定他们的阶级属性？为了解释这个问题，普兰查斯对劳动进行了技术分工与社会分工的区分。他认为技术分工与生产力相关，是指一个人在生产组织中的地位；而社会分工是与生产关系相关的概念，取决于一个人在社会组织中的作用。

生产过程中的监督与管理人员并不属于工人阶级，这是由于他们在社会分工中所处的位置决定的，因为他们所维持的政治关系，优于他们在劳动分工中的生产劳动，即他们的作用体现在“从工人那里榨取剩余价值的职能，他们行使着从资本那里得来的权力，尽管他们也出卖自己的劳动、提供剩余价值和被资本家剥削”[①]。也就是说，生产监督与管理人员的阶级地位主要是受技术分工的影响，但同时也受到社会分工的影响。因此，作为监督与管理人员的阶级体现为一种“统治无产阶级，却也受资本统治”的政治关系。

随着垄断资本主义的发展，监督与管理人员不仅从生产过程的监督与管理中获得权力，也从所有权关系中获得权力，掌握权力高层的管理者占据资本，应属于资产阶级；而下层的管理者则依然出卖劳动力和被剥削，但他们不属于工人阶级，而属于新小资产阶级。

2.脑体分工

关于如何判定生产过程中工程师和技术人员的阶级属性，普兰查斯认为这是与脑体分工相联系的。他认为在脑体分工这个问题上，传统马克思主义理论总是一方面强调脑体分工对阶级划分具有决定性作用，强调废除脑体分工与废除阶级剥削之间存在密切关系；而另一

① Nicos Poulantzas: *Classes in Contemporary Capitalism*, London: NLB, 1975, p.228.

方面，在定义一种特定的社会形态尤其是资本主义社会形态的阶级决定时，脑体分工就不提了。所以这就需要分析资本主义社会形态中脑体分工的实际意义。鼓吹“科技革命”的人认为是科学技术的革命把工人阶级的范围扩大到工程师和技术人员，这种理解在普兰查斯看来是一种经济或者说技术的还原论，是将科学技术独立于政治和意识形态的中立表现，他们认为工程师和技术人员把科学传给工人从而实现劳动社会化而消除脑体分工。而马克思讲的是资本主义劳动过程的社会化产生了生产集体工人，事实上这种社会化加剧了脑体分工，这是劳动的资本主义社会化。这就意味着体力劳动者倾向于成为生产性总体工人的组成部分，同时又由于资本主义社会化，体力劳动和脑力劳动在对立的矛盾中分割。

在普兰查斯看来，脑力劳动与体力劳动的分工，不仅是劳动的技术分工，实际上还集中体现了政治、意识形态与生产关系的接合。在工程师和技术人员的阶级规定上，政治和意识形态起着重要影响。

一是从科学与意识形态的关系来说，科学是作为被资本占有的科学，科学技术和意识形态交织在一起，科学技术服从于它的社会、政治和意识形态条件，也就是说，科学技术应用是服务于资本主义的生产，是在统治阶级意识形态的引导下进行的。因此，对于工程师和技术人员的界定，普兰查斯认为“他们的工作，发生在占统治地位意识形态的标志之下，甚至把这种意识形态物质化到科学工作中，也就是在物质生产中支持意识形态关系的再生产”①。也就是说，科学技术应用是“统治阶级意识形态的物化”，物质生产的过程就是意识形态的生产与再生产，脑体分工本身就是意识形态关系的表现。

二是从政治关系角度上讲，脑体分工与知识垄断相联系，这是科学话语的资本主义占有形式，即便脑力劳动的实践与科学技术应用没有关系，它也因为工人不具有这种知识而被资本主义赋予合法化。

---

① Nicos Poulantzas, *Classes in Contemporary Capitalism*, London: NLB, 1975, p.236.

“这些工程师和技师，通过科学技术应用而干预资本主义生产过程，也由于同一事实至少其绝大多数被卷入监督和管理生产过程的政治关系中。”[①]他们通过拥有的知识特殊技能进行监督与管理工作，代表了政治关系在生产过程中的执行，脑体分工所代表的意识形态将工人与生产过程的“知识”和“规划”隔离开，使得工人相信自身没有能力组织生产，促使劳动服从资本。

普兰查斯总结道：“工程师和技师并不属于工人阶级，即使他们愈益形成生产性总体工人的组成部分，因为占统治地位的方面是他们所支撑的政治和意识形态关系。”[②]换言之，工程师和技术人员不属于工人阶级，他们虽然在经济上从事工人阶级的活动，然而却在政治和意识形态方面发挥着新小资产阶级的作用，因而属于新小资产阶级的阶级范畴。

3.新小资产阶级的意识形态特征

第一，改良式的反资本主义。在普兰查斯看来，新小资产阶级反对资本主义具有改良主义的幻想，他们并不主张直接彻底的革命，而是主张在现有资本主义生产方式结构的基础上，用社会正义、平等的税收等政策改革收入再分配。虽然他们对富裕阶层怀有敌意，也表达对现有收入分配的不满，但是更多地强调正义与理性，屈从于工资的等级制度。他们不愿打破现有阶级关系，也不想挑战权力的根本和脑体分工状况，而是寄希望于秩序的管理与制度的合法性，通过改良的方式解决问题。

第二，新小资产阶级积极参与政权，对政治与意识形态关系抱有热情，渴望重新安排而不是从根本上破坏这些关系。他们要求以负责的态度对资本的决策权进行更多分享，也呼吁依据实际价值对脑力劳

---

① Nicos Poulantzas, *Classes in Contemporary Capitalism*, London: NLB, 1975, p.239.

② Nicos Poulantzas, *Classes in Contemporary Capitalism*, London: NLB, 1975, p.250.

动进行重新分类，但并不质疑他们自身与工人阶级在现实上的脑体分工关系。此外，新小资产阶级还诉求于改变既定的组织形式，号召对决策过程去中心化。他们对独裁主义的斗争，只是在形式上反抗官僚主义和脑力劳动的分裂，远没有达到工人阶级的反独裁阶级斗争的规模。

第三，新小资产阶级力求改变他们的工作生活条件，却沉湎于促进社会改良的幻想中，而不诉之于社会革命行动。作为处于工人阶级与资产阶级之间的中间阶级，新小资产阶级渴望提升和进步，他们把国家机器视为晋升的阶梯，特别是在教育机器功能中寻求民主和平等机会以筛选精英，试图通过发挥个人优秀才干的方式向上流动变成资产阶级，表现为一种个人主义。

第四，新小资产阶级对国家的政治权力态度表现为一种列宁所说的"权力拜物教"。他们把国家视为仲裁不同阶级的中立力量，国家的技术异化可以通过民主制度重新改变，这意味着他们诉求于国家行政的人性化与理性化改革，反对国家的技术至上原则，而这些要求并没有抓住政治权力的真正本质。

第五，基于新小资产阶级的个人主义特征，普兰查斯认为他们在冲突发生时会表现为扎克雷起义①似的斗争形式，即缺乏强有力的组织和明确的斗争纲领，在全球性的反国家运动中表现为"新小资产阶级式的无政府主义"。尽管小资产阶级中的极左翼派别在观念上较为激进甚至达到行动上走极端的地步，但是思想上并没有超出资产阶级的意识形态范围，这与工人阶级的阶级斗争实践具有很大的不同。

---

① 扎克雷起义："扎克雷"的意思指贵族对农民蔑称"乡下佬"，起义因此而得名。起义发生于1358年，这是法国历史上规模最大的反封建的农民起义，最终在英法贵族的镇压下失败，原因在于组织上缺乏强有力领导，没有确切的革命行动纲领，也没有可靠的盟友，表现为城市上层市民在利用起义达到目的后立即背叛出卖农民。这场起义给以后的农民战争提供了经验教训，在反封建斗争中具有深远的历史意义。

第四章　权力与意识形态

第一节　霸权概念的逻辑演进

一、葛兰西的霸权概念

在20世纪马克思主义的各派别里，尤其是葛兰西的著作中"霸权"一词非常重要，它不仅反映了葛兰西实践哲学理论的实质，也体现了其思想体系的独特性。正如他本人在书信中谈到的："最新的实践哲学的根本要素就是关于霸权的历史—政治观。"①"霸权"（英文为"hegemony"，意大利文为"egemonia"）这个词作为葛兰西思想中的核心概念，并不是由葛兰西首先提出来的，他借用过来这个词汇并赋予了独特的概念内涵。

（一）霸权概念的来源

根据英国学者佩里·安德森的考证，俄国的普列汉诺夫和阿克西

① Antonio Gramsci, *Gramsci's Prison Letters*, translated by Hamish Henderson, Zwan Publications, 1988, p.214.

尔罗德早在1883～1884年就使用“霸权”这个词来表示资产阶级利用工人阶级达到革命目的的策略。当时的俄国处于沙皇统治之下，强大的封建贵族势力给资产阶级革命带来巨大的困难与阻碍，而就在此时无产阶级作为新兴的力量介入到这场反封建的革命斗争中并发挥了领导作用。拉克劳与莫菲认为，“资产阶级不能顺利地夺取为自由的政治斗争，所以把无产阶级也拉进来，并通过无产阶级的介入完成了这一革命任务”①。也就是说，由于资产阶级任务目标与实际能力的不相符，导致不得不让无产阶级介入进来，这种造成革命阶级性质断裂的新型关系就成为霸权对它们的描述，换句话说，霸权就是资产阶级联合无产阶级进行阶级斗争的政治策略。

列宁在此基础上对霸权概念进行了改造并用于无产阶级的实践中，以表示无产阶级对阶级联盟的领导作用。在反对资产阶级的革命斗争中，无产阶级与农民阶级组成阶级联盟并在其中发挥领导作用来完成革命任务。“在列宁看来，霸权包括在阶级联盟内部的政治领导，通过代表阶级利益的党，它们在一个阶级的领导之下，在一个对抗共同敌人的联盟中统一起来。”②换言之，通过列宁对霸权的改造，使得无产阶级以霸权的方式掌握了对包括农民和其他阶级组成的阶级联盟的政治领导权，霸权成为无产阶级统一阶级联盟的政治战略。

（二）葛兰西的霸权概念内涵

葛兰西将列宁指导无产阶级革命战略的霸权加以改造，他认为霸权是一种不同于暴力统治的方式，表示为一种文化和意识形态领域的领导权。“葛兰西用霸权描述的主要是某一社会集团争取其他集团对其表示积极赞同、自觉服从并自动融入该社会集团的权力结构中来的

① Ernesto Laclau and Chantal Mouffe, *Hegemony and Socialist Strategy: Towards a Radical Democratic Strategy*, London & New York: Verso, 1985, p.49.

② Ernesto Laclau and Chantal Mouffe, *Hegemony and Socialist Strategy: Towards a Radical Democratic Strategy*, London & New York: Verso, 1985, p.55.

一种控制方式。”[1]这首先意味着霸权表示的权力关系并非在个体与集团之间产生，而是作用在一个集团对其他不同集团或派别之间发生的关系。其次，霸权与我们通常语义中所理解的“霸权主义”中的强制不同，它并没有以暴力要求被统治者屈服，而是主张用智识的、道德的方式实现政治上的统治。在葛兰西看来，取得文化与意识的领导权要比用暴力专制更为重要，因为它的统治是以被领导的组织或集团的同意为基础。也就是说，暴力强制是依靠国家机器发挥镇压的职能，而霸权则是以意识形态的动员和教育为主让被统治者达到自发的积极同意。有学者甚至用“文化霸权”或者“智识霸权”之类的词语对霸权概念加以绑定，显然是意图将“霸权”中本来具有的负面强制意味祛除，因此在这个意义上，可以将葛兰西的“霸权”理解为“不霸”。

值得注意的是，葛兰西在运用列宁霸权概念时的确将论述的重点放在文化与智识霸权方面，与列宁相比，“葛兰西通过单纯的意识形态方式所获得的文化霸权看作是获得政治权力的前提，而这对于列宁来说夺取政权只是一个纯粹的技术问题”[2]，即表明了葛兰西对霸权概念从政治领导向道德领导的转移，并对强制与霸权进行了区分。然而，我们并不能就此认为葛兰西的文化霸权与政治无关。事实上，在葛兰西看来，文化霸权是通过智识、道德、教育等方式进行的间接政治实践，它虽然与强制的直接政治方式区分开来，但作为两种不同统治方式，是交替运用的，只是在霸权的统治阶段专政强制并非占据主导地位。葛兰西的阐述丰富了霸权概念的内涵与意义。

（三）霸权、市民社会与意识形态的关系

葛兰西把国家的范围进一步拓展为政治社会与市民社会。政治社会即传统意义上的国家机器，如军队、警察、监狱等；而市民社会也

---

① 周凡：《重读葛兰西的霸权理论》，载《马克思主义与现实》2005 年第 5 期。

② Leszek Kolakowski, *Main Currents of Marxism*, *III*, Oxford University Press, 1978, p.244.

归属于上层建筑，它包括教会、学校、民间组织和社会团体等。在这个意义上，葛兰西虽然与马克思一样把分析的重点从黑格尔的国家至上转到市民社会，但二者有着显著不同。马克思是从经济关系层面上理解市民社会，即对市民社会的考察应该到经济学领域中探求，而葛兰西则将市民社会上升到国家的上层建筑这个领域中进行分析。这样一来，葛兰西就以市民社会的角度拓展了政治的范围，即不仅限于国家的暴力强制机器，还分布于广大自主的市民社会中。葛兰西认为，市民社会是霸权运作的主要场所。

在葛兰西看来，作为霸权场所的市民社会在上层建筑中并不属于政治层面上的国家机器，而只能属于意识形态。他认为，“霸权机构的实现，规定了意识和认知方式的变革”①。也就是说，意识形态通过教会、学校、社会团体和民间组织这些市民社会的霸权场所来达到对人们的认识和理解方式的改变。不同社会集团之间的意识形态统一可以通过霸权阶级的意识形态灌输或者通过道德改革的霸权重建来完成，因此葛兰西的霸权理论具有反还原论的特征，他给予了意识形态以自主性，而没有限于意识形态的阶级性还原。同时，通过葛兰西的分析，关于政治的问题不再像经济主义认为的那样把政治只是视为对经济的反映，国家只是阶级的强制工具。葛兰西把市民社会、意识形态问题纳入霸权领域的视角中进行分析，这本身就赋予了政治活动以更为广阔的空间和创造性场域。

二、普兰查斯对霸权概念的批判与改造

（一）普兰查斯对葛兰西霸权概念的批判

一方面，普兰查斯认为霸权概念在葛兰西的著作中是一个并非纯理论意义上的现实概念，由于对“霸权”这个词的使用范围过于广泛造成含义上仍然含混不清。他认为葛兰西在列宁运用“霸权”表示工人

① 转引自周凡：《重读葛兰西的霸权理论》，载《马克思主义与现实》2005 年第 5 期。

阶级领导阶级同盟进行政治斗争的基础上，把霸权概念发挥成为“发达的资本主义形态中统治阶级的政治实践”①。在普兰查斯看来，对霸权概念的范围和构成进行严格的限制是重要的，他批判葛兰西把霸权概念从资本主义的政治领域扩大到掩盖了资本主义国家的各种结构。此外，普兰查斯认为更值得批判的地方在于，葛兰西的霸权概念还具有历史主义循环论的特征，而且即使是在葛兰西成熟时期的著作中这种历史循环论依旧存在。比如霸权概念在葛兰西那里指的是阶级统治并不只是使用暴力强制，它还利用自身具有的“特殊的意识形态”领导职能促使被统治阶级“积极同意”，并在这个基础上建构统治阶级与被统治阶级的关系。对此，普兰查斯认为这种模糊的定义与卢卡奇以及黑格尔的“阶级意识世界观”观点是相似的，即把阶级的“思想意识世界观”看作历史的主体，那是指的领导阶级，由它们建立了一种形态中的统一，因为这个阶级决定了在一定的统治制度下被统治阶级的服从。这种偏向于阶级主体式历史主义的说法导致葛兰西掩盖了分析市民社会与国家分离的真正问题，也就是说隐藏了资本主义生产方式各个环节特殊的独立自主性。

另一方面，普兰查斯又认为葛兰西的错误在于，虽然他对霸权概念进行了原则上的权力区分，即从马克思意义上的政治国家实行直接的暴力统治的权力中区分了作为间接的在智识与道德方面发挥领导权作用的文化霸权，然而葛兰西却陷入一些马克思主义者（如卢卡奇）对“国家是统治阶级的暴力工具”这种经验性和历史性的阐释，这导致葛兰西只能把权力的这两种维度看成是一种互补性的关系。“当代实践哲学的伟大理论家列宁在关于政治斗争与组织的关系这个问题上，反对经济主义决定论的观点，强调了文化斗争的重要性并建立了霸权的理论学说，将其作为国家暴力理论（国家作为统治阶级的暴力工具）

① ［希腊］尼科斯·普兰查斯：《政治权力与社会阶级》，叶林等译，中国社会科学出版社 1982 年版，第 145 页。

的补充。"①按照普兰查斯的观点，葛兰西把政治权力区分为制度化的暴力与非制度化的智识霸权，会消解政治权力本身的特殊性。"政治权力，无论是从制度化的权力结构方面还是非制度化的政治关系方面，都具有'理论—实践'的特殊性，是作为实际社会形态中统治权力的矛盾统一体而存在的。"②也就是说，普兰查斯认为霸权概念无须像葛兰西那样进行权力二分，因为霸权概念本身就具有政治权力的总体建构性特点，即用以阐述智识领导权和暴力统治权的矛盾统一体。与葛兰西的历时性互补关系不同的是，作为权力的两种维度之间的互补性关系是以共时性结构方式存在的。

（二）普兰查斯对霸权概念的改造

在普兰查斯看来，霸权体现为一种权力的二重关系，它既有智识组织又有强制统治。霸权概念不应只局限在意识形态领域，还应扩展到整个政治领域，它是资本主义国家独有的政治特征和政治功能，因为从结构上说它来自近代国家与社会的分离，即政治与经济的分离所带来的资本主义生产方式中各个环节的相对自主。因此，霸权就是资本主义社会形态下统治阶级的政治实践形式。霸权概念应该在两个意义上来应用：

第一，统治阶级的政治利益是作为这个国家的"共同利益"的代表出现的，也就是说，通过霸权机制统治阶级将特殊的政治利益建构为人民、国家的普遍利益。国家确实被当作是某一个特殊集团的组织，借以创造有利于该集团最大限度扩展的条件。但是这个特殊集团的发展和扩张，被看作是代表普遍扩展的动力，是全体"国民"能量的发展。普兰查斯认为，统治集团和从属集团之间存在不稳定的均势，统

---

① Antonio Gramsci, *Selections from the Prison Notebooks*, eds. and trans. Quintin Hoare and Geoffrey Nowell Smith, London, 1971, p.56.

② Nicos Poulantzas, "Preliminaries to the Study of Hegemony in the State", *The Poulantzas Reader: Marxism, Law and the State*, London & New York: Verso, 2008, p.100.

治集团的利益支配一切，但是受霸权作用的影响，统治集团会与从属集团的共同利益相协调。

第二，资本主义社会形态下阶级斗争的特殊性，使得统治阶级和派别以霸权形式组成权力集团进行统治。在这些统治阶级和派别中，其中之一起着特殊的统治作用，这就可以称之为领导（霸主）作用。也就是说，霸权概念就是统治阶级或派别对其他阶级或派别的政治作用。

（三）作为资产阶级政治实践的霸权

首先，普兰查斯通过对葛兰西霸权概念的改造，使霸权不再仅限于意识形态的范围内，他排除了这个概念中历史主义和人本主义的要素，正如普兰查斯所定义的那样，“霸权概念处于与政治所代表的特殊场所相关的理论领域，这种以特定的生产方式为基础，作为结构和实践特殊环节的政治领域成为霸权建构的理论—历史条件”[①]。很显然，普兰查斯是从结构实践的角度对霸权概念进行了重新理解和定义，避免了葛兰西的意识形态霸权所造成的“阶级意识世界观”，使得霸权概念不再具有主观主义的因素，而是将意识形态放置于客观存在的结构层面上加以分析，意识形态在现代国家的运行中和统治阶级的霸权建构中发挥着重要的政治职能，它把社会经济关系转换为政治关系以替换真实的经济关系，并在想象的层面上建构国家和市民社会这两个层面之间分离的统一。也就是说，普兰查斯将意识形态视为主体与客观现实、国家与市民社会、经济与政治之间关系的一种接合。

其次，普兰查斯的霸权概念有助于理解和考察资本主义国家中统治阶级和被统治阶级以及统治阶级内部各个派别之间的关系。霸权的这一层意义正是葛兰西所没有提及的，“霸权概念使我们能辨明出

---

① Nicos Poulantzas,“Preliminaries to the Study of Hegemony in the State”, *The Poulantzas Reader: Marxism, Law and the State*, London & New York: Verso, 2008, p.86.

现在资本主义社会形态里这两种类型的政治阶级统治之间的关系，这个领导阶级把政治方面的双重职能集于一身，那就是一方面代表人民国家的共同利益，同时又要维护在统治阶级或派别中的特殊统治地位”①。也就是说，霸权一方面包含着国家对被统治阶级的经济利益的让渡和保障，当然这是以服从于霸权阶级的政治利益为前提进行的，体现了国家的相对自主性；另一方面，霸权又作为统治阶级内部对各个不同派别关系的政治整合，使得不同派系间的分裂要素凝聚起来，在制度上表现为权力的统一。

最后，普兰查斯用霸权概念反对简单工具论，他对国家还原为统治阶级的暴力工具的理论加以批判，指出暴力强制只是作为资产阶级国家权力的一个方面，但并不能阐释政治权力的总体性建构以及政治实践的复杂性。而普兰查斯用霸权概念完整地涵盖了智识领导和暴力统治的矛盾统一，并从霸权建构中结合了政治实践和阶级斗争的复杂性和可变性，从而对资产阶级在不同的国家形式中（如自由竞争资本主义国家、垄断资本主义国家等）的政治实践进行了“结构—实践”辩证的阐释。普兰查斯把霸权概念提升到政治领域，使其成为理解和考察资产阶级政治实践的重要途径。

第二节　国家、阶级与意识形态的相对自主性

一、意识形态国家机器

众所周知，“意识形态国家机器”是由阿尔都塞最早提出的，他继承了马克思、列宁和葛兰西等理论家关于国家与意识形态理论的研究，又结合了主体建构、国家机器以及劳动力的再生产，提出了这一概

① ［希腊］尼科斯·波朗查斯：《政治权力与社会阶级》，叶林等译，中国社会科学出版社1982年版，第149页。

念。意识形态国家机器理论形成于20世纪60年代。据考证,“阿尔都塞曾计划写一部两卷本的著作:第一卷探讨资本主义生产关系的再生产,第二卷探讨资本主义社会的阶级斗争。在《再生产》一卷中,他提出了意识形态国家机器理论。由于该著作没有完成,他把其中关于意识形态的部分整理为《意识形态国家机器》一文,发表于1971年的法国《思想》杂志”[①]。值得一提的是,普兰查斯在1969年的《新左翼评论》上发表《资本主义国家的问题》一文,也提到了意识形态国家机器,并且从内容上说,他与老师阿尔都塞的核心观点近乎一致,因此有观点认为意识形态国家机器或许是由两者共同提出的。究竟孰先孰后以及是否共同提出,这个问题还有待考究,但可以肯定的是,普兰查斯的意识形态国家机器与阿尔都塞的理论既有一致之处,也有补充和完善的创新之点。

(一)阿尔都塞的意识形态国家机器理论

阿尔都塞意识形态国家机器的提出具有十分重要的影响,他从唯物主义角度重新解释了意识形态,这与卢卡奇等人的商品拜物教的物化意识理论以及葛兰西的文化霸权的意识形态理论有着显著区别。一方面,阿尔都塞拒绝将商品拜物教理论等同于意识形态理论,以它作为商品拜物教的构成基础,资产阶级意识形态本身是以法权为核心思想,因此商品拜物教必然导致资产阶级经济学家和政治家的劳动“幻想”。这种幻想让马克思的意识形态理论依然没有彻底跳出意识哲学的范畴,“马克思虽然认为意识形态与实践和阶级利益相关,但并未跃升至意识形态在物质上的绝对限定以及阶级斗争的物质性这一程度”[②]。另一方面,阿尔都塞又排斥葛兰西的霸权理论中所表达的意识形态唯心主义要素。阿尔都塞认为葛兰西的霸权理论虽然区分了

---

① 汪行福:《普兰查斯意识形态理论述要》,载《河北学刊》2015年第6期。

② Louis Althusser, *Philosophy of the Encounter: Later Writings*, 1978-87, London: Verso, 2006, p.138.

权力的强制性统治与智识化组织,但对非强制的文化霸权的强调也使得意识形态脱离社会再生产和阶级斗争实践这些要素,“它没有解释强制机器在霸权领导中所发挥的主动效应”①,这样一来,关于物质再生产以及阶级斗争实践的重要性就被霸权理论遮蔽起来,而这在阿尔都塞看来是马克思主义意识形态理论不可或缺的,葛兰西的霸权理论导致缺乏物质基础的唯心主义和非政治化行动战略,意识形态成为空洞的文化意识的代名词。

在阿尔都塞看来,关于意识形态在根本上并不是一个与意识相关的问题,而是作为一种物质存在,它是一个与社会再生产和阶级斗争相关的唯物主义概念。这样一来,阿尔都塞就将葛兰西的意识形态进行了物质化改造,它是以社会制度所组成的国家机器表现的。除了具备镇压的暴力之外,还存在意识形态国家机器。它区别于直接的强制性机器,这具体体现在以下几方面:一是作为镇压的国家机器具有暴力的单一性(如军队、警察、监狱等机构都作为暴力形式的机构),而意识形态国家机器则分散在多元化的不同领域(如教育系统、文化系统、工会和教会等方方面面)。二是镇压机器具有强制性和公共性,而意识形态国家机器则以私人机构的形式,通过非强制性的组织、领导和教育等方式发挥影响。同时,镇压机器与意识形态国家机器又具有一致性,即二者都服务于统治阶级。而且两者的功能通常是相辅相成的,镇压机器为国家运行提供强有力的条件保障,而意识形态机器则深入到社会的各个方面,为统治阶级发挥“润物细无声”般的支撑效能。按照阿尔都塞的观点,意识形态国家机器更为重要的作用是,它维护着资本主义生产关系的再生产。资产阶级通过特定的机构对劳动者实行技能培训,并从中发挥意识形态机器功能使其服从统治者意志,利于生产关系的再生产以巩固和维护资产阶级的政治统治。

---

① Louis Althusser, *Philosophy of the Encounter: Later Writings*, 1978-87, London: Verso, 2006, p.139.

(二)普兰查斯:国家=镇压机器+意识形态机器?

在意识形态国家机器这个命题上,普兰查斯对阿尔都塞总体上是认同的,即国家机器具有强制性的镇压机器以及道德教育性的意识形态机器功能。他也赞成阿尔都塞理论中关于镇压机器具有的内在统一功能(对各个不同的被统治阶级实行国家和法律上的直接统治)以及意识形态机器的多元性(在社会各个领域和部门发挥意识形态作用)。普兰查斯同阿尔都塞一样强调意识形态的物质实体性,"意识形态不仅仅是一种观念的体系或象征,它还包括一连串的物质实践,以及如政治方面或经济方面的社会实践总体"①。也就是说,他也认为意识形态在资本主义生产方式中占有重要的地位,尤其是对社会再生产的发展具有重要影响。然而我们也应该看到,普兰查斯对阿尔都塞意识形态机器的理论采取的是一种批判性地吸收的态度。

首先,普兰查斯认为阿尔都塞的意识形态国家机器过于形式化和抽象化,将统治阶级的意识形态机械地等同于"一般的意识形态","他忽略了阶级斗争实践中不同阶级所具有的意识形态矛盾"②。实际上,由于缺乏对阶级斗争实践的具体分析,阿尔都塞并没有建立关于意识形态的相对自主性理论。也就是说,阿尔都塞的方法依然是一种阶级还原论,即把意识形态中反映的国家权力还原为国家的阶级性本质。而在普兰查斯看来,占统治地位的意识形态反映了各个阶级之间的矛盾、相互作用及影响,它用以维护统治阶级的政治地位,但并不代表只有统治阶级的意识形态独自发挥作用,因此也并不是阿尔都塞所说的全部由统治阶级支配和操纵,由于资本主义国家的相对自主性与权力的错位,意识形态领域也存在相对自主性,普兰查斯认为被统治阶级同样可以运用意识形态机器争取自己的利益。

---

① Nicos Poulantzas, *State*, *Power*, *Socialism*, London: Verso, 1980, p.28.

② Bob Jessop, *Nicos Poulantzas: Marxist Theory and Political Strategy*, London: Macmillan, 1985, p.201.

在普兰查斯看来，阿尔都塞对国家作用的分析以及国家机器的二分法遮蔽了政治权力的本质，也未能恰当体现政治和经济之间的相互关系，特别是阿尔都塞把政治权力的介入限定在国家的镇压机器以及意识形态机器两个方面，政治对经济的作用仅仅基于一种外在性的支持和保障。国家机器的二元论使得国家机器的功能彼此孤立，然而事实上，国家作为镇压机器与意识形态机器两者之间的功能是互相渗透的。比如国家作为镇压机器有时也发挥意识形态功能，而国家作为意识形态机器在程度上有时也会起到镇压作用。

普兰查斯认为"国家＝镇压机器＋意识形态机器"这种理解方式只看到了政治对经济作用的消极影响，而忽视了国家对经济的积极调节和建构作用。"在国家已经介入资本再生产的核心领域的新资本主义条件下，国家已经不仅具有强制性镇压、间接性领导的效用，国家还以积极的方式改变和创造现实。"[①]也就是说，意识形态并不是靠欺骗和隐藏来强化统治的虚假幻想，我们不能忽视统治阶级与被统治阶级及大众之间通过国家的一系列物质手段所发挥的作用。

在此，普兰查斯反对国家机器的二分法，提出国家的"经济机器"概念，"像国家机器一样，也存在着经济机器，它们现实而具体地体现了经济关系以及政治的意识形态关系"[②]。在当代资本主义条件下，资本主义国家的作用以及权力集团和国家关系发生了变化，尤其体现于国家对生产关系再生产的干预，国家的经济作用无法被政治暴力手段和意识形态功能取代或消解，因为它直接关系到资本积累和再生产的特点。这表明，普兰查斯在阿尔都塞对意识形态进行唯物主义阐释的基础上，从资本主义生产关系再生产的角度更深入地分析意识形态的作用，他用"经济机器"的概念强调了意识形态斗争在经济领域的重要性（见图 4-1）。

---

① Nicos Poulantzas, *State, Power, Socialism*, London: Verso, 1980, p.30.

② Nicos Poulantzas, *Classes in Contemporary Capitalism*, London: NLB, 1975, p.303.

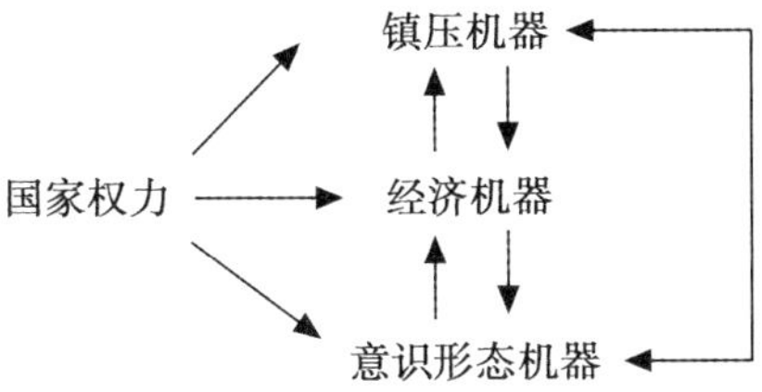

图 4-1　资本主义国家机器的功能

二、阶级的意识形态决定

马克思和恩格斯在《德意志意识形态》里指出，一个阶级的精神力量取决于这个阶级的物质力量，统治阶级的思想通常起着对整个社会的精神支配作用。"统治阶级的思想在每一时代都是占统治地位的思想。这就是说，一个阶级是社会上占统治地位的物质力量，同时也是社会上占统治地位的精神力量。支配着物质生产资料的阶级，同时也支配着精神生产资料，因此，那些没有精神生产资料的人的思想，一般地是隶属于这个阶级的。"[①]在葛兰西著作中，论述意识形态的地方把它称作一种形态的"水泥"："问题在于，在保持整个社会集团的意识形态的统一中，意识形态起了团结统一的水泥作用。""在这里人们可以称之为'意识形态'，但只能是就这个词当今概念的最高意义而言，那就是在艺术、法律、经济活动以及个人与集体生活中的所有各种表现形式含蓄的表达。"[②]显然，这些论述说明了意识形态对于阶级特别是意识形态统一对统治阶级来说具有决定性影响。

普兰查斯认为，在资本主义社会中意识形态通常表现为一种复杂多元的综合。他并不认为占统治地位的意识形态就是完全属于统治阶级的，而是赋予意识形态以特殊的自主性。他认为存在着这样一种

① 《马克思恩格斯选集》第 1 卷，人民出版社 2012 年版，第 178 页。

② 转引自[希腊]尼科斯·波朗查斯：《政治权力与社会阶级》，叶林等译，中国社会科学出版社 1982 年版，218 页。

错位关系，即占统治地位的意识形态和统治阶级之间并不是一种严格意义上的对应，二者不能简单地等同。“在现实中，这种占统治地位的意识形态，并不简单地反映出统治阶级即‘单而又纯’的主体存在的情况，而毋宁说反映了在一个社会形态中统治阶级和被统治阶级间的具体政治关系。”[①]也就是说，意识形态并不只反映了阶级的地位，它还发生作用于阶级实践的现实社会形态中。比如，资本主义形态中占统治地位的资产阶级接受了小资产阶级意识形态的成分（如雅各宾主义[②]），还有劳动阶级的意识形态——马克思和恩格斯称之为“资产阶级的社会主义”[③]（如法兰西第二帝国时期的圣西门主义[④]）。

在普兰查斯看来，意识形态作为一个“总体”，它协调着特殊的客观方面、各种表现准则以及信仰，就好比参与政治活动的人一样，在宗教、美学、哲学和人类精神等不同层面上都有涉猎。“意识形态涉及人生活在其中的世界、人和自然的关系、和社会以及包括他们自己的经济政治活动在内的各种活动的关系。”[⑤]也就是说，它结合了人的具体实践活动和经验的生活方式，作为一个总体协调着“现实关系”与“幻想关系”，这种现实关系构成幻想关系的生存条件。因此，意识形态从根本上说并不是一个主体和意识的问题，而是一个与人的经验活动有关的现实社会关系。

普兰查斯进一步指出，与科学研究不同，意识形态的作用是掩盖

---

① [希腊]尼科斯·波朗查斯：《政治权力与社会阶级》，叶林等译，中国社会科学出版社1982年版，第221页。

② 雅各宾主义，1793年法国大革命时期雅各宾派战胜温和共和主义派夺取了政权，在其执政期间实行恐怖政策，暴力镇压反革命叛乱。

③ 《共产党宣言》曾这样说道：“资产阶级的社会主义就是这样一个论断：资产者之为资产者，是为了工人阶级的利益。”（《马克思恩格斯选集》第1卷，人民出版社2012年版，第430页）

④ 圣西门主义，即以圣西门为代表的空想社会主义学说，旨在批判资本主义压迫人民的罪恶本质，提出一系列构想以改变当时的资本主义，其中以实业制度为代表，成为空想社会主义的典型。

⑤ [希腊]尼科斯·波朗查斯：《政治权力与社会阶级》，叶林等译，中国社会科学出版社1982年版，第225页。

真实的矛盾，从幻想的角度通过塑造现实关系的形象达到协调统一社会形态关系。“意识形态一经形成的时候，就卷入这种社会幻想关系的职能作用中，因而就必然是虚伪的。”①因为意识形态对经验活动的反映取决于结构，这就带来了如何将二者关系进行统一的问题，即意识形态结构和它对统治阶级关系的特殊统一。意识形态的统一是基于社会形态中人的经验关系，以及这种关系所采取的幻想的形式，在这个意义上，葛兰西曾使用“水泥”的模糊性来形容它的社会职能。因此，一个社会形态中占统治地位的意识形态遍布于这种社会形态的“总体”之中，并不是因为它反映了作为这种社会形态统一特征的各个环节的联结标志。正如同在其他每一个环节的情况那样，意识形态领域固定在一种生产方式和社会形态总体结构所设定的界限内。

通过上述分析，普兰查斯意在表明，在阶级社会中意识形态是受到结构中阶级关系的多元决定，占统治地位的意识形态与统治阶级的适应关系，是基于其作为结构统一的一个部门、环节构成的，也就是作为生产方式再生产的一个环节。之所以能占有统治地位，也是由其在阶级斗争和实践中扮演的重要角色所决定的，目的就是要维护阶级统治与剥削。因此，要结合阶级斗争的具体关系，深入内部关系而不能从阶级意识形态角度来解释意识形态。

第三节　资本主义意识形态的制度实体

普兰查斯在《国家、权力和社会主义》这部著作中指出，国家的制度实体不能还原为国家机器在政治统治中所起的作用，而是国家通过一系列制度化架构对社会阶级关系所发挥的客观的政治与意识形态作用。也就是说，一方面，国家的统治是一系列制度化权力运作的结

① ［希腊］尼科斯·波朗查斯：《政治权力与社会阶级》，叶林等译，中国社会科学出版社 1982 年版，第 226 页。

果，这体现了其"制度化"特征；另一方面，这种制度化权力是以物质基础即镇压机器和意识形态机器发挥客观的现实作用，这体现了其"实体性"特征。实际上，在普兰查斯早期思想中就已表明国家权力区别于国家机器，"国家就是执行政治权力的中心，但这并不意味着，各种各样的经济、政治、军事、文化等性质的机构只是社会阶级权力的工具、机关或附属物，它们有自己的独立性和结构方面的特征"[①]。国家的物质性架构是由国家与资本主义生产关系的分离造成的，归根结底来自劳动的社会分工中直接生产者与生产资料的分离，这成为资本主义国家机构（军队、警察、监狱、法院等）的组织原则。普兰查斯认为，资本主义国家的本质不能从商品流通和交换关系的角度分析，从根本上说这样是无法理解国家与市民社会以及阶级斗争的关系的，这是因为社会阶级是在生产关系的基础上建立的，只有从国家与资本主义扩大再生产的关系中考察劳动的社会分工才能把握资本主义国家的本质。

一、知识和权力：脑体分工的再生产

在普兰查斯看来，当代资本主义国家作为现代意义上的国家，它的重要前提就是劳动的社会分工，这与前资本主义国家存在着显著的区别。这种区别在于，前资本主义条件下，国家机器是以人身依附关系为基础，政治与经济结合在一起；而在资本主义国家劳动分工中，直接生产者与生产资料分离，并且由于资本的扩大再生产使得劳动的社会分工呈现重组，政治与经济相对分离。

在当代资本主义国家内，脑体分工并不是技术发展的自然结果，而是取决于国家权力的制度化运作，也就是说，脑体分工是政治和意识形态关系对生产关系发挥作用的结果。"国家不仅是由生产关系的脑体分工所产生的，它还参与到整个生产过程和社会总体的核心即社

① ［希腊］尼科斯·波朗查斯：《政治权力与社会阶级》，叶林等译，中国社会科学出版社 1982 年版，第 120 页。

会关系的再生产中——这是以对劳动的特殊资格培训（学校、家庭、不同的培训组织）和总体性机器（资产阶级与小资产阶级政党、议会制度、文化单位、出版传媒）两种功能同时进行的。”[1]换言之，脑力劳动与体力劳动的分离不仅是生产关系上的反映，还体现了脑体分工与政治统治结合成相互作用的有机关系，它通过国家进行脑体分工的社会关系的再生产。这种脑体分工的差异表现为知识与权力的有机联系，即权力在意识形态上通过科学知识的形式被合法化，同时科学知识成了为资本服务的直接生产力。这与福柯所说的权力知识形成的共同体关系有异曲同工之妙。

普兰查斯指出，在当代资本主义条件下，国家通过教育和培训、议会和法律以及独特的民族语言将权力与知识结合，国家成为脑体分工的专门机器，并在脑体分工的构成和再生产方面发挥特殊的影响。比如，作为国家镇压机器的军队、警察和法庭等国家机构本身就具有知识和话语的实际权力，通过这些职能使得隶属于体力劳动的大众被排除于知识之外。也就是说，一方面，脑力劳动被物质化到国家机器中；另一方面，体力劳动被汇集在大众范围内，被国家的组织化作用所区分和排除。

二、个体化

如前所述（详见第二章），资本主义国家在政治和意识形态上是以全民国家的形式呈现的，在政治上资本主义国家以个体替代阶级作为主体，以自由、平等的规范系统作为现代法律制度。换句话说，由于国家对经济、法律和意识形态的多元决定作用，使得劳动者与资本家之间的阶级对立分散为一种个体间的相互竞争关系，特别是法律对个体的承认使作为阶级主体的人转化为“个体”的人。

在《政治权力与社会阶级》中，普兰查斯将这种现象称之为由法律

---

① Nicos Poulantzas, *State*, *Power*, *Socialism*, London: Verso, 1980, p.60.

和意识形态对经济作用产生的“孤立的结果”①。按照普兰查斯的观点，资本主义国家运用法律、政治—意识形态进行阶级主体的分散化作用不能仅仅视为是一种意识形态的虚幻和欺骗，那样只会导致对意识形态加以批判而形成的意识形态领域革命，“一系列名副其实的意识形态活动毫无疑问对国家面对经济阶级斗争的这种职能进行了干预。但是我们决不能把由于国家针对社会经济关系的职能而形成的这些结构说成是意识形态的结构”②。也就是说，资产阶级的这种“个体化”现象并不仅仅作为一种意识形态，而是物质实践形成的结果。

普兰查斯在《国家、权力和社会主义》一书中将这种资本主义产生的孤立现象概括为“个体化”。普兰查斯认为，个体化不是以商品关系普遍化为基础的法律—政治意识形态，即反对以商品流通和交换的形式去分析个体化，个体化是一种实在的表现，也是资本主义国家的制度化实体的基础。国家机器作为对统治阶级意识形态的物化，使得统治阶级意识形态在国家的实践中进入物化的标准过程。在资本主义国家中，个体化呈现为一种孤立而统一的辩证运动，即国家产生了个体私人与社会公共空间的分离，又以现代国家（资本主义国家）的合法性形式代表人民国家的统一。“国家成为私人与公共之间关系不断后退的地平线，它确定了私人和公共之间关系的轮廓，个体私人不是国家活动的内在障碍，而是作为权力的目标成为现代国家战略的内在组成部分。”③也就是说，国家反映了大众斗争和力量对比的阶级关系，是“阶级力量对比关系的凝缩”，个体私人的扩大或缩小体现出斗争的前进或后退，因此大众的斗争不是在国家之外，而是处于国家的战略性领域之内，作为公共—私人空间的现代形式表现出来。个体化与资本主义生产过程和劳动分工有关，在国家的作用下，个体被分配到各个

---

① [希腊]尼科斯·波朗查斯：《政治权力与社会阶级》，叶林等译，中国社会科学出版社1982年版，第141页。

② [希腊]尼科斯·波朗查斯：《政治权力与社会阶级》，叶林等译，中国社会科学出版社1982年版，第141页。

③ Nicos Poulantzas, *State, Power, Socialism*, London: Verso, 1980, p.72.

阶级之中，阶级的意义也由此转化为资本主义的个体化过程中。

三、法律在权力统治中的作用

资本主义国家的制度实体体现了意识形态的物质化过程，这种权力运行在福柯那里被解释为“规训”式的制度实践，即通过权力技术、社会规范和控制策略等规训机制在社会的各个层面上发挥作用。福柯认为，现代社会的权力统治不具有明显的暴力特征，而是表现为一种规训机制；也就是说，权力统治并不是依靠法律而是依靠标准化，不是通过惩罚而是通过控制。普兰查斯认为，福柯对标准化规训的分析虽然看到了被统治阶级的同意是以物质让步作为实现的机制，但是却低估了暴力的功能，对于国家的统治而言，法律在权力组织上的重要影响是不容忽视的。

关于法律与暴力的问题，普兰查斯认为资产阶级的政治哲学将二者的关系视为一种对立，并且蕴含着“零和”①的权力关系，即把镇压和意识形态要素作为零和的量，镇压作用的减少就等于意识形态作用的增多。在普兰查斯看来，这种观点低估了法律在现代社会的权力运行中发挥的作用，也未能理解镇压机器依然是现代国家的关键职能。他认为法律是组织暴力的条件，“法律是被组织起来的公共暴力的法典”②，忽视法律在组织权力中的重要影响就会导致忽略国家的暴力作用。即便暴力不以公开的方式实行，合法化暴力的国家垄断依然是权力的决定性因素。普兰查斯指出，法律在权力的实行中并不是只起到禁止、强迫等消极作用，它还具有积极的意义，“法律不禁止即是允许的”就体现了其积极的功能。

在普兰查斯看来，资本主义国家并不是只由资产阶级构成的专政统治，它依靠法律实现标准化的规范统治，法律体系控制了由各个派

① “零和”(zero sum)是作为博弈论中的一个概念提出的，意为博弈双方的收益和损失相加总和永远为零，也就是说一方的收益必然以另一方的损失为条件。

② Nicos Poulantzas, *State, Power, Socialism*, London: Verso, 1980, p.66.

别构成的权力集团并把权力分配到各个阶级，它由一系列普遍和规范的标准构成，体现了权力的新型统治方式。资本主义法律作为国家的必要形式，能够让权力集团和派别保持相对自主以维护权力的统一，"法律为权力集团的对比力量关系划界"①，法律是统治的特殊形式，它可以调节权力集团内部的力量对比关系，资本主义法律可以将权力集团统一到一个阶级或派别的领导权下。这对于调节国家的经济干预、消解权力集团的政治危机、确定权力集团中不同阶级或派别的支配地位具有重要的作用。除此之外，资本主义的法律系统还能够平衡国家与阶级结构，调节暴力镇压的形式以缓和与被统治阶级的矛盾，比如针对大众对暴力统治的反抗，法律可以在组织暴力实行方面发挥积极的影响，使大众获得形式上的自由。

① Nicos Poulantzas, *State*, *Power*, *Socialism*, London: Verso, 1980, p.92.

第五章　普兰查斯政治哲学的理论效应

第一节　权力精英与统治阶级

精英主义作为西方战后具有较大影响力的理论思潮产生于20世纪初，中间经历了两个发展阶段：以第二次世界大战为界，战前是传统的精英主义，代表人物包括莫斯卡、帕累托和米歇尔斯等人；战后传统精英主义进一步发展为当代精英主义，以熊彼特、米尔斯以及曼海姆等为主要代表。早期精英主义者强调实证与经验研究，着重于研究统治等实际问题，强调事实而忽略价值。而当代精英主义者则愈发关注价值问题，注重从应然的角度研究国家的理想型，主张用民主范畴介入政治精英用以规范和约束精英统治。精英主义者以社会存在统治阶级与被统治阶级两大阶级作为理论分析的前提，认为作为少数的统治阶级具有政治权力行使职能，而作为多数的大众阶级是以统治工具而存在的。

不少学者认为精英主义的部分思想来源于马克思主义理论，例如帕累托就认为关于阶级划分、民主的虚幻性与马克思的分析直接相关。值得注意的是，精英主义与马克思主义在理论上既存在相似之处，也具有根本性差异。如前所述，由少数统治者与多数被统治者两大阶级构成了资本主义社会的观点，是为精英主义和马克思主义都接受的。除此之外，精英主义者所倡导的用以论证统治者合法性的一套系统理论来维护其阶级的统治地位，我们也同样可以在马克思的理论中找到相似的主张。比如马克思和恩格斯说："每一个企图取代旧统治阶级的新阶级，为了达到自己的目的不得不把自己的利益说成是社会全体成员的共同利益，就是说，这在观念上的表达就是：赋予自己的思想以普遍性的形式，把它们描绘成唯一合理的、有普遍意义的思想。"①

然而，与马克思主义相比，精英主义的根本差异在于：一方面，马克思认为统治阶级是指在经济上占统治地位的阶级，也因此成为政治上的统治阶级；而精英主义则认为统治阶级是由精英所组成，精英成为统治者不是因为经济地位，而是由于个人素质的优势。另一方面，马克思认为统治阶级会随着生产方式的改变而变化（比如封建主与资产阶级），政治统治是一个历史概念，阶级和国家只是作为历史的产物而存在，会最终消亡；而精英主义则把精英统治视为不变的规律。

一、米尔斯的权力精英论

米尔斯主张用"权力精英"这个词来取代"统治阶级"的概念。在他看来，用"统治阶级"这个说法并不准确。"阶级是个经济术语；统治是个政治术语。因此'统治阶级'一词包含着一个经济阶级政治统治理论。"②这种说法虽然简捷，却在某些时候有失准确性，尤其是在对政治含义的表述时往往没有考虑到政治制度以及国家机构的自主性和独特性。这意味着"统治阶级"这个术语依然没有摆脱经济决定论的

---

① 《马克思恩格斯文集》第1卷，人民出版社2009年版，第552页。

② [美]赖特·米尔斯：《权力精英》，王崑、许荣译，南京大学出版社2004年版，第377页。

特征。

与普兰查斯相似的是，米尔斯同样以战后欧美发达国家（主要是美国）的社会为背景考察新形势下权力、阶级和社会结构的变化。他把从事“非生产性劳动”的雇佣劳动群体（如白领）界定为“新中产阶级”，基于马克思的异化劳动理论，米尔斯考察了新中产阶级于现代资本条件下出现的典型特征——人格与劳动的双重异化。同时，作为马克斯·韦伯著作的翻译者和研究者，米尔斯结合了韦伯对现代官僚结构和体制的分析，提出以拥有高度权力和职位的精英管理，即垄断美国社会的三种权力精英——经济精英、政治精英和军事精英来表达现代权力机构的本质。他把政府、企业和军事部门形成的“金字塔”作为国家权力的汇集和核心，也就是说，米尔斯把权力精英与其所依仗的官僚作为统治模式的基础，并从这个角度出发将官僚对国家机器的控制视为政治权力具有相对独立性的关键。米尔斯指出，美国权力结构中的变化并未对其基本合法性造成根本性的挑战，这种变化“通常是通过政界、经济界与军界的相对地位的制度变迁”①而实现的，权力精英历经了五个时代。

一是从独立战争到约翰·亚当斯执政期间，当时的社会是以一个整体的方式结合运行的，无论是经济、军事、政治还是人们的日常生活都相对简单地组合在一起，精英中的个体也兼具商人与士兵、立法者与学者等不同角色，这些通才表现为在高层各界之间职位和角色的轻易转换。

二是19世纪早期，受杰斐逊政治哲学和汉密尔顿经济学原理的影响，政界、经济界和军界分散地融入美国社会结构中，这时的精英阶层变现为若干个集团，实质上是一种内部分裂的联盟，“没有哪一种人

① ［美］赖特·米尔斯：《权力精英》，王崑、许荣译，南京大学出版社2004年版，第348页。

控制了集中的权力形式，没有哪一个小集团主宰了经济、政治事务”[①]。经济界优于社会地位和政治权力，这个时代随着南北方经济类型的分裂而结束。

三是1866年国会选举一直到一战结束，企业的经济权力占有绝对统治地位，表现为大公司富可敌国，使得公共政治权力与私人经济权力相比可谓小巫见大巫，造就了一个经济精英对政府颐指气使的权力时代。

四是罗斯福“新政”时期，指挥机构获得政治权力，从本质上是一种施压团体与利益集团的平衡。这一政策挽救了业已陷入崩溃边缘的资本主义经济，罗斯福也以其雄辩能力平衡了政治上的不光彩历史，将“经济保皇派”打压下去。

而到了第五个时期，米尔斯认为自二战结束后，权力结构的变化趋势如同美国总体发展一样大幅加快，表现为企业与政府的关系更为复杂，相互之间也有更多的交集。同样，军队的支配地位也变得日益明显，它们之间形成一种“结构性线索”[②]，即经济同时是一种永恒战争经济和一种私人公司经济，政治和经济行动依据现实的军事形势而判断。[③]

在米尔斯看来，权力精英即由政治、经济和军界人士所构成，这种结合的精英团体平时体现为一种紧张状态，只有在遇到危机时和特殊情况下才会团结在一起，它们三者均介入到决策的制定和影响中，但何者居于领导地位又取决于时代形势和具体任务。可以看出，在结构与实践这个问题上，米尔斯对权力的结构分析与普兰查斯有着相似性。然而值得一提的是，米尔斯对“权力精英”概念的强调是为了避免

① [美]赖特·米尔斯：《权力精英》，王崑、许荣译，南京大学出版社2004年版，第350页。

② [美]赖特·米尔斯：《权力精英》，王崑、许荣译，南京大学出版社2004年版，第354页。

③ 参见[美]赖特·米尔斯：《权力精英》，王崑、许荣译，南京大学出版社2004年版，第354～357页。

三种理论的简单化所带来的不确切表述，即简单的马克思主义观认为的经济人物是真正的掌权者，简单自由主义观认为的政治人物是权力体制的首脑，以及部分观点认为的军事将领即为独裁者。米尔斯指出，统治阶级的说法并不确切，"今天的权力精英包括常常不稳定的经济、军事和政治权力的重合"①。

二、普兰查斯对米尔斯的批判

在普兰查斯看来，米尔斯的权力精英是一种零和的权力学说，这是一种互相冲销为零(zero-sum power)的权力概念，即任何阶级或社会集团所拥有的权力等于其他阶级或社会集团所没有的权力，某一个集团的权力的减少都直接转变为其他集团权力的增加。也就是说，关于权力的分配是不断变化的，然而权力的总量却维持不变的状态，零和权力是以功能主义的社会总体为基础，在总体中各个同等成分形成了一种均衡的关系。对此，普兰查斯予以了反驳。

第一，一个阶级实现自身利益的减少并不意味着它会转化为另一个阶级这一能力的增加。普兰查斯认为，权力的再分配取决于社会结构。"如果我们认为权力是阶级斗争领域内结构的影响，我们看到，一个阶级实现其利益的能力、一种为其他阶级的斗争所左右的能力，取决于一种社会形态的结构。"②马克思在《法兰西内战》中就说明了这一现象，波拿巴主义作为当时的一种可能的统治形式，就是"帝国是在资产阶级已经丧失统治国家的能力而工人阶级又尚未获得这种能力时唯一可能的统治形式"③，资产阶级权力的减少并没有转化为工人阶级权力的增加。

第二，当米尔斯的零和权力概念应用于整体的社会形态时，没有

① ［美］赖特・米尔斯：《权力精英》，王崑、许荣译，南京大学出版社 2004 年版，第 357 页。

② ［希腊］尼科斯・波朗查斯：《政治权力与社会阶级》，叶林等译，中国社会科学出版社 1982 年版，第 123 页。

③ 《马克思恩格斯文集》第 3 卷，人民出版社 2009 年版，第 153 页。

考虑到不同方面的权力形式和关系。一个阶级实现其特殊经济利益的能力的减少，并不会直接转化为政治、意识形态权力的损失。同样，经济权力的增加也不会直接引起政治与意识形态权力的增加，这种在整体范围内不同权力方面的关系错位现象表明零和权力概念在应用于不同方面的权力整体时并不准确。

第三，零和权力概念是在韦伯对社会组织的二分法基础上建立的。韦伯把权力的社会组织分为两个集团——统治阶级与被统治阶级，也就是把权力的作用进行了二分——命令与服从。权力主义型式的组织或社会内部，权力的转移构成两个集团之间互相冲销为零的权力的交换，一个集团权力的任何损失都包含着其他集团权力的增加。然而，在一个复杂的社会形态中，有时并不是两个集团而是好几个社会阶级集中出现，生产方式交叠在一起。这意味着一个统治阶级所失去的权力，可能不仅与工人阶级，还与另一个统治阶级所得到的权力相对应，也可能不对应，即阶级斗争之间的错位关系和复杂运动的发生是存在的，因此不能建立关于权力二分的零和权力交换。

第四，当零和权力应用于政治权力方面的情况下，它忽视了国家的相对自主性即权力与国家的统一性问题。政治权力是一个不可分割的统一体，并不是从资产阶级权力中分割出一部分加在工人阶级的权力上。

三、普兰查斯批判米尔斯的意义

普兰查斯认为，米尔斯主张权力精英是由官僚构成的，他对官僚这个社会范畴的使用范围存在着认识上的误区。在普兰查斯看来，官僚既不是一个阶级，也不是一个阶级中的派别，因此在国家形式的结构中不能扮演主要角色。官僚是一个特殊的范畴，是作为国家机器的物质承担者和代理人而存在的，本身并不具有政治权力。“由于官僚本身是没有权力的，那么它的相对自主性无非是它在阶级斗争的权力关系中归于国家的那种权力；国家权力是掌握在各个阶级手里的，因为国家实际上不过是一种权力中心。”[①]在普兰查斯看来，马克思和恩格斯在这个问题上始终坚持着这样一种理论路线：官僚对那些统治阶级的相对自主性，完全是由资本主义国家与阶级斗争之间的关系来决定的。也就是说，官僚的统一是与资本主义形态中各个阶级之间的斗争方面的整体形势有关，它既包括资本主义生产方式的各个阶级，也包括这种形态中非统治生产方式的那些阶级。

普兰查斯进一步指出，官僚对于各个统治阶级来说具有相对自主性，统一与分离的结果有关联，这种分离的结果是资产阶级与工人阶级之间的阶级斗争的特点，同时也与小私有者农民和小资产阶级的那种特殊分离相关联。这种分离使得国家的官僚代表人民国家的统一而以一种政治上的统一体出现。简言之，作为社会范畴的官僚具有自主性，它既反映了各个统治阶级的政治权力，又代表了各统治阶级在经济、政治和意识形态方面的阶级利益，官僚只有借助国家机器才能行使权力。

米尔斯用权力精英取代统治阶级，其本意是想在政治和生产关系之外为政治权力寻找一个基础，将官僚的政治权力归结于它对国家机器的控制。而这恰恰反映了精英主义对政治权力与国家机器的混淆，即认为国家是阶级统治的工具，这导致它无法看到官僚对统治阶级的相对自主性。精英主义的初衷是避免经济决定论，却最终“把官僚的功能贬低到一个想象的经济集团的成员身份，或者认为官僚是政治权力独特的一种主体”[②]。精英主义对统治阶级概念的批判，其错误就在于，它认为在现代条件下，资产阶级无法作为构成协调一致的阶级而存在，因而也无法考虑到现代政治功能的分散性特征以及官僚在其中所发挥自主性的独特作用。

---

① [希腊]尼科斯·波朗查斯：《政治权力与社会阶级》，叶林等译，中国社会科学出版社 1982 年版，第 401 页。

② [希腊]尼科斯·波朗查斯：《政治权力与社会阶级》，叶林等译，中国社会科学出版社 1982 年版，第 374 页。

第二节 微观权力与宏观权力

后结构主义者福柯于20世纪70年代提出了微观权力理论，他将权力的研究焦点转移到社会的微观层面，着重探讨权力的多样性和不确定性，这种转向引发了当时欧洲理论界特别是左翼学者的热议。普兰查斯对福柯的权力理论给予了极大的关注，尤其是在后期著作《国家、权力和社会主义》中，对包括福柯和德勒兹等后结构主义者的诸多观点进行了分析与批评。普兰查斯强调权力的结构性，即主张权力是用以表达“结构整体对处于冲突中的各个阶级的实践关系的影响”的概念。这场关于微观权力与宏观权力的争论有助于全面地理解和考察权力理论，然而遗憾的是，普兰查斯的早逝导致了他与后结构主义观点的讨论成为未完成的对话。

一、福柯的微观权力理论

在第二次世界大战后的数十年里，西方尤其是欧美发达国家的经济迅速恢复发展和崛起，在政治实践上也兴起了全新的多元化的社会运动，1968年法国五月风暴后，席卷欧洲的政治改革思潮风起云涌。然而与以往不同的是，这些新的变化并非单纯受到政党的操纵控制，而是由各种各样的社会运动融合所带来的结果，也就是说，这些新的社会实践和政治运动不再像传统的阶级斗争那样将革命宗旨锁定于武装夺取政治权力，而是呈现为一种局部性的、非阶级的运动浪潮。后结构主义思想家正是透过这一现象，重新考察现代社会的权力变化，他们意图突破教条化的马克思主义的束缚，为拓展权力理论及丰富马克思的现代性批判作出努力，而福柯的微观权力理论正是在这样一种背景和思想下提出的。

福柯认为，马克思主义的权力理论是一种宏观权力，也就是把国家和法律的权力作为现代社会的权力中心，军队和警察等暴力机构是统治阶级用以维护政治权力的直接工具，同时权力也是维护生产关系的重要手段。在这种模式下，权力理论划分为两种形式：一是以近代契约论为基础的法权形式，也就是权力可以像商品的交换形式那样以契约来达成双方的交换转接；二是以经济和生产力作为支配和主导的经济学形式，即权力成为维护生产关系的工具。这两种形式在福柯看来可以归结为经济主义的权力形式，也就是说，宏观权力本质上是从经济决定论的角度去理解和分析权力的，这是一种值得质疑的思维方式。“与经济相比，权力是否始终处于从属的地位？权力的根本目的是为经济服务吗？它注定了要去实现、强化、维持和再生产与经济和经济的功能相吻合的关系吗？其次，权力是以商品为模式的吗？它为我们所占有、获得，根据合同放弃、转让和重新获得、流通或取消的吗？”①通过这一系列的质疑，福柯认为这种从宏观角度来论证马克思主义的权力理论实质上是一种经济主义的还原，它虽然体现了权力的宏观和结构性特点，却也遮蔽了权力的具体运作细节。因此，福柯主张把从经济的角度转移到政治，从权力本身出发在微观层面考察其本质和运行。

在福柯看来，权力从本质上说并不是一个统治或被统治的物，而是一种关系，它在社会领域中体现为多元离散的网络。它既没有固定的位置，又不像财产那样被掌控抑或是被占有。权力关系是多元复杂的非固定性结构，同时，它也在运转中不断地流动和变化，表现为一种非确定性。福柯认为权力关系不是一种自上而下的统治与被统治的单线关系，而是处于相互交错的复杂场域里，一个永远处于紧张状态的活动之中的关系网络，因此在这种交错网中的个体只是作为一个个点而存在，这使得权力关系呈现为无主体性的特征。这样一来，由涉及权力掌控的主体性问题就被消解掉了，权力的重心转移到具体运行

① [法]米歇尔·福柯：《权力的眼睛》，严锋译，上海人民出版社 1997 年版，第224 页。

的微观层面上。福柯进一步补充道，马克思主义包括普兰查斯的权力理论坚持把国家机器和国家机构作为权力统治和运行的中心，这实际上是有局限的。福柯主张从微观权力的角度分析权力，将权力关系从军队和生产等传统领域扩展到日常生活，从国家和法律中深入到像毛细血管一样的微观社会的底层和边缘进行考察。

按照福柯的观点，“权力不应被看作是一种所有权，而应被视为一种战略；它的支配效应不应被归因于‘占有’，而应归因于调度、计谋、策略、技术、运作”①。也就是说，权力问题的研究应该注重的是权力的运作机制，而不是权力由谁实行。正是站在这个角度上，福柯提出规训式权力。与国家机器的暴力镇压不同，规训式权力是以日常生活的监督、管理和训练来完成的，它具体深入到社会活动的方方面面，在军队、工厂、学校以及修道院中都布局着规训式权力关系，相比于国家法律的权力控制，规训式权力深入到社会机体的每一个角落，这种精细化、规范化的技巧被称之为关于权力的“技术解剖学”，因为它发挥着既灵活又高效的影响作用。“国家机器和各种机构所运用的是一种权力的微观物理学，其有效领域在某种意义上是介于这些重大功能运作与具有物质性和力量的肉体之间”②，因此，作为当代资本主义社会的特征，规训式的微观权力对统治具有重要的意义。

除此之外，福柯还进一步论证了权力与知识的关系，将权力的技术学扩展到科学和文化层面。权力和统治存在着固有的联系，而知识则与真理是对应的关系，权力与知识之间并没有发生直接的联系，二者存在着明确的界限和分离。福柯认为，正是当代资本主义条件，使得本用来追求真理的科学知识与权力不再表现为一种外在的非直接联系，而是已经成为一种内在的共生关系。“权力的行使不断地创造知识，而反过来，知识也带来了权力。”③也就是说，相对于权力，知识可

① [法]米歇尔·福柯：《规训与惩罚》，刘北成等译，三联书店1999年版，第28页。
② [法]米歇尔·福柯：《规训与惩罚》，刘北成等译，三联书店1999年版，第28页。
③ 杜小真编选：《福柯集》，上海远东出版社2003年版，第280页。

以被权力所掌控从而为自己的统治地位提供科学的指导和合理合法的维护，也影响着人们的思想；而相对于权力，知识又能从中扩大资源，提升影响力从而得到发展和应用。这样一来，科学和意识形态之间形成了更为紧密的相互关系，二者的界限也日渐模糊起来。一方面，从权力运作角度分析科学的意识形态作用深刻地揭露了当代资本主义条件下权力与知识的相互融合关系；然而在另一方面，强调权力与知识的一致性作用也在一定程度上遮蔽了科学与意识形态之间在内容上的差别。

二、普兰查斯对福柯的批判

福柯的微观权力理论发表后，一时间引起了思想界的广泛讨论，既受到了来自新社会思潮的人士的追捧，又遭到了包括瓦尔泽、普兰查斯、哈贝马斯等西方学者的批判。普兰查斯的《国家、权力和社会主义》于 1978 年出版，可以说整部著作的内容都蕴含着对福柯及后结构主义者的批判和争论。普兰查斯主要从生产关系、国家职能、阶级斗争以及权力与知识的关系等问题上对微观权力进行了批判和分析。

第一，普兰查斯认为福柯的微观权力理论将马克思主义的权力理论简单概括为经济还原，而忽略了经济基础的重要性。按照福柯的观点，马克思以及马克思主义者的权力理论从根本上讲是一种经济主义的权力学说，“从 19 世纪以来，对社会的批判基本上是从其经济的本质上出发的，经济有着决定的作用。这当然是一种有效的对‘政治’的还原，但这种倾向同时也忽视了构成经济关系的基本的权力关系”①。事实上，福柯也只是从商品的交换和流通层面上来解释和分析马克思的权力概念，他没有看到商品的流通过程只是作为资本逻辑的其中一个环节。而要从整体上理解和把握资本和权力的要义，更重要的是要从生产环节特别是抓住资本主义生产关系的要素，来理解生产者与生

① ［法］米歇尔·福柯：《权力的眼睛》，严锋译，上海人民出版社 1997 年版，第 43 页。

产资料之间的分离。正是基于这种基础的经济关系才产生后来的阶级和阶级矛盾,"福柯的权力关系成为除了自身没有任何基础的纯粹条件,这导致权力在这种限定内停滞不前"①。普兰查斯认为,权力标志着一个阶级实现其特殊客观利益的能力,经济权力是作为一种结构而表现的,权力分析既要考察阶级在经济方面的支配地位,也要结合具体实践分析政治与意识形态方面的要素。

第二,在普兰查斯看来,福柯的微观权力过于注重分散性,以致消解了权力在国家和法律等宏观方面发挥的主导作用。"福柯低估了为保证这些惩罚方法的有效性而必需的暴力、司法和警察以及一般的法律所扮演的特殊角色。尤其忽视了宪法和行政法在规范和调节有组织的公共暴力的行为中所起到的积极作用……也忽视了一般法律这个平台,而这正是促进双方以和平的方式达成共识的重要途径。"②普兰查斯承认规训式权力能够从权力运行的维度深入到现代社会的细节,然而这种"技术解剖学"却也消解了权力的宏观作用,特别是忽略了国家权力的主导作用。作为政治权力的执行中心,国家凝结了阶级实践中所决定的权力关系,国家机构与掌握权力的社会阶级相联系。所以,国家就是执行政治权力的中心,强调权力的分散性实质上就是对结构性国家权力的消解。

第三,普兰查斯批判福柯的微观权力理论轻视了阶级斗争的作用。如前所述,福柯试图把权力如毛细血管般地渗透到日常生活的每个细节和领域中,使得权力具有无所不在的特征,这样一来就导致其从一开始就排除了阶级斗争的可能。阶级斗争从源头上就被权力所玷污,最后也只能沦为权力的附庸而构成其合法性的基础。普兰查斯认为,福柯对权力的微观特征的夸大,使其在政治策略上采取了一种大众式的平民反抗,即主张把局部(如监狱、疯人院等)作为斗争的主要场所,从这些细枝末节的微观机制中进行民众式的抵抗,这些都是

① Nicos Poulantzas, *State*, *Power*, *Socialism*, London: Verso, 1980, p.149.

② Nicos Poulantzas, *State*, *Power*, *Socialism*, London: Verso, 1980, pp.84, 87.

与福柯强调权力的无中心化和个体化相联系的。而在普兰查斯看来，这是一种无国家的政治理论和无阶级的斗争策略，而由于缺乏领导和主体基础势必导致社会主义革命的失败，福柯的权力学说相悖于马克思的阶级斗争理论，马克思已经用阶级实践表明："政治运动，即目的在于用一种普遍的形式，一种具有普遍的社会强制力量的形式来实现本阶级利益的阶级运动。"[①]因此，探讨权力问题不仅离不开阶级斗争与实践，而且权力概念本身就是用来表示结构整体对其中各个阶级实践关系的影响。

第四，关于权力与知识关系的分析，普兰查斯认为福柯过分夸大了二者的意义。在资本主义条件下，权力与知识之间的相互蕴含和共融关系使得科学与意识形态的界限日渐模糊。普兰查斯更看重权力的制度化运作的关键——脑体分工。作为国家权力制度化的结果，国家是脑体劳动分离的集中反映，物质生产的过程就是意识形态的生产与再生产，脑体分工本身就是意识形态关系的表现，脑体分工与知识垄断相联系，这是科学话语的资本主义占有形式。"权力和知识只是对意识形态自发和基本的形式的补充和增强，这些形式通过资本主义生产关系和资本主义劳动的社会分工的终结而存在于国家结构中。"[②]通过建立权力与知识之间的联系，使得脑力劳动与政治统治相结合完成脑体分工的这种再生产。脑力劳动与体力劳动的分工，不仅是劳动的技术分工，实际上还集中体现了政治、意识形态与生产关系的接合。

三、普兰查斯批判福柯的意义

从普兰查斯对福柯的批判我们可以看出，普兰查斯是从一个结构主义的角度来分析和解释权力的，他指责福柯的微观权力理论并不能完全有效地代替国家权力的宏观性，也着重强调了权力的概念与国家的结构性相联系。面对福柯对马克思主义经济化、简单化的批判，普

---

① 《马克思恩格斯选集》第 4 卷，人民出版社 2012 年版，第 498 页。

② Nicos Poulantzas, *State, Power, Socialism*, London: Verso, 1980, p.72.

兰查斯从结构主义的马克思主义的立场捍卫了宏观权力的地位。事实上,我们也应该看到,这场关于微观权力与宏观权力的论辩,并不只是对权力观的思考视角不同所引发的批判,随着理论的进一步深入,双方也相互吸收和借鉴了对方的分析方法。例如在论及国家的孤立效应时,普兰查斯主张用福柯式的规训实践来解释和分析这个问题,而福柯也同样运用普兰查斯的策略和制度实体方法为治理术的研究拓宽了思路。"福柯对普兰查斯的影响不只局限于普兰查斯与福柯式的语言'玩弄',更因为福柯与他在权力和策略问题上以及在相对一致性和社会形成的内聚力的理由等方面有着很多相同的看法"①,杰索普的这个评价也正是反映出了他们的权力理论在当代所形成的碰撞与融合。

同时值得注意的是,普兰查斯力图找出福柯思想中的结构性不足,将实践中权力的多变复杂性的来源诉诸结构,总是以结构作为出发点,这在权力的分析中一定程度上限制了对实践方面的开放性考察,表现其论述中存在着结构和实践的矛盾关系。因此,如何结合结构与实践的辩证关系将宏观与微观权力理论有机统一起来,对于运用马克思主义理论分析和理解权力问题是极为重要的。

第三节　新工具主义国家观与结构主义国家观

在20世纪六七十年代,西方资本主义国家经历了第二次世界大战结束后的经济发展的快速增长时期,与此同时资本主义的国家职能也发生了重要转变,这体现在战后的国家发展阶段中发达资本主义国家经济上从自由的经济政策转向国家干预和宏观调控,政治上各个国家实行代议制民主作为主要选举方式,社会上工人阶级随着科技进步

① [英]莱姆克等:《马克思与福柯》,陈元等译,华东师范大学出版社2007年版,第102页。

和生产力水平的提高劳动力状况也发生相应的改变(详见本书第三章)。因此,有不少西方学者也开始把学术研究转移至政治制度和阶级结构的这些新变化,其中政治多元论日渐成为现代西方思想界探讨的主流,他们认为社会权力已不再是马克思生活的自由竞争资本主义阶段才具有的统治阶级与被统治阶级的单一结构,而是被不同的权力集团所分散和限定,国家需要在这些不同的权力集团之间发挥独立和调节作用进而维护统治秩序和权力统一。也就是说,传统的马克思主义国家与权力学说正面临新形势下的挑战,这实际上是上层建筑对现有经济基础发生变化的反应。在 20 世纪 70 年代,关于当代马克思主义的国家学说引发了一场论战,这就是著名的“普兰查斯与米利班德之争”。

一、米利班德的新工具主义国家观

拉尔夫·米利班德于 1924 年出生于比利时。作为一名英语世界的西方马克思主义学者,米利班德在马克思主义政治理论遭受当时理论界普遍忽视甚至责难的严峻形势下推动了理论的系统化和现代化重建。面对 20 世纪 70 年代以来西方学者诸如“就政治方面说,成熟的马克思主义在这方面没有多少可添加的了……马克思主义最独特的发展领域是在社会—经济方面”[①]等种种质疑,米利班德力图运用马克思主义的理论框架挖掘和重建政治理论的现代意义。在国家理论逐渐消除国家本质问题的趋势下,米利班德在立场上坚持了“国家依然是资产阶级用以维护政治统治的工具”这一论断。然而,米利班德的新工具主义国家观的“新”体现在,以国家作为资产阶级统治工具为前提,又结合了国家的相对自主性理论。

在分析发达资本主义国家的问题时,米利班德采用了马克思的阶级分析方法,即从统治阶级的经济权力的角度出发分析其政治影响。

① [英]拉尔夫·密利本德:《马克思主义与政治学》,黄子都译,商务印书馆 1984 年版,第 16～17 页。

在战后资本主义国家生产力极大发展的背景下，工人阶级的生活也随之发生了质的改变，关于"工人阶级消失论"等说法日益成为理论热点。米利班德认为，这种新出现的消费革命并没有改变工人阶级的社会地位，劳动者与资本的对立关系也没有就此消失，企业经理人的出现作为企业控制权与所有权分离的特殊现象，其实质是社会经济领域的精英，这是因为实际上对工人阶级来说能进入管理层的机会并不多，依然属于特殊阶层。也就是说，经理人现象的出现并不意味着一种新阶级的产生，它在经济领域内只是对特定的有产者开放的。与此同时，政府公务员、技术人员、医生、教师、企业白领等中等阶级数量持续增大，和工人阶级一并形成了资本主义社会阶级结构中的从属阶级。这样一来，政治多元论所主张的资本与劳工集团之间的平等竞争关系在米利班德看来实际上是不存在的，二者在力量对比上劳工集团明显处于弱势，而资本利益集团利用经济权力在工业、商业等经济领域对国家施加压力，从而使其在政治上获得优势地位。因此，米利班德认为，国家依然是统治阶级的工具。

通过经验主义的实证分析，米利班德认为在发达资本主义国家中，拥有和掌握经济权力的人在政治和社会领域依然具有绝对的优势，"国家首先不可避免地是在这些社会中占统治地位的经济利益的卫士和捍卫者。它的'真正的'意图及使命是确保它的连续统治地位而不是妨碍它"①。资本主义国家的一个特点就是，作为经济上的统治阶级，不一定直接参与国家的治理，而是通过代理人的方式体现与政治之间的关系。国家官僚即便不是由资本家直接参与任职，却来自社会的中上层和精英，由于出身和教育背景的相似、价值观的趋同，使得代理人本身就具备了意识形态导向，从而无形中维护着占有经济权力的统治阶级。因此，资本主义国家本质上依然由有产阶级的政治精英来统治和管理。从这个角度上说，马克思主义的理论要比多元政治理

① [英]拉尔夫·密里本德：《资本主义社会的国家》，沈汉等译，商务印书馆1997年版，第265页。

论的解释更有说服力。“现代的国家政权不过是管理整个资产阶级的共同事务的委员会”[①]的说法在当代发达资本主义国家的条件下并没有被克服和超越，国家吸收中下层阶级成员不过是被上层统治精英同化，并没有改变资产主义国家的阶级性质。

在坚持马克思主义国家理论的同时，米利班德一方面肯定了国家是阶级统治工具的论断，另一方面他强调了国家相对自主性的重要性：“国家的相对自主性的观念是马克思主义国家理论的一个重要组成部分，而且是马克思和恩格斯以这样或那样的方式讨论得很多的一个问题。”[②]国家相对自主性的存在是由于国家具有整合不同的统治阶级利益的职能和任务，资本主义国家通过代理人的方式使得资产阶级虽然没有直接参与政治管理，却与国家官僚形成分离而联结的关系。这体现在国家官僚并未完全由资产阶级所垄断，它的结构会吸收其他阶级包括中下层阶级的加入。也就是说，一切国家对一切阶级（包括统治阶级）都享有一定的自主性和独立性。同时，官僚和资产阶级之间又因为具体人员的社会关系，政治统治始终由具有相似背景和价值观的精英控制，使得二者在意识形态上保持基本一致，从而有力地维护着资产阶级的经济利益和经济权力。米利班德指出，国家具有相对自主性并不会减少国家的阶级性，而恰恰会使国家在发挥阶级作用时更为灵活，有利于代理人服务于社会秩序。这实际上与普兰查斯从经济和政治分离的结构性角度论述资本主义国家的相对自主性是一致的，不同的是米利班德更强调国家对不同利益的整合。

二、普兰查斯与米利班德的争论

自 1969 年开始，普兰查斯与米利班德主要以英国的《新左派评论》学术期刊为载体进行学术辩论。这场争论常被学术界认为是结构

① 《马克思恩格斯选集》第 1 卷，人民出版社 2012 年版，第 402 页。

② ［英］拉尔夫・密利本德：《马克思主义与政治学》，黄子都译，商务印书馆 1984 年版，第79 页。

主义与工具主义的国家观论争，实际上，他们分别以结构主义和经验主义的研究方法对资本主义的国家问题进行分析，对国家相对自主性问题也持有不同的观点和态度，这场争论推动了马克思主义的政治理论特别是国家理论与权力理论的发展。

（一）第一次论争

普兰查斯于1969年在《新左派评论》上发表了《资本主义国家的问题》的文章，其内容主要是针对米利班德《资本主义社会的国家》一书进行的批评。随后，米利班德于1970年以《资本主义国家——对普兰查斯的回复》一文对普兰查斯的论点进行了反驳。

首先，在方法论问题上，普兰查斯指责米利班德在批判多元主义国家观和强调马克思主义国家观问题时所运用的经验主义研究方法是存在问题的，缺少明确的理论分析和论证。比如在反对多元主义精英概念的探讨中，米利班德没有对"精英"这个概念以马克思主义的科学方法进行批判性论证，而只是作为一种可以接受的假设性前提，这样做既危害了科学的客观解释，又破坏了马克思主义概念的使用原则。米利班德不同意普兰查斯的批评，认为马克思的理论中不仅强调概念批判，也同样重视经验现实的验证，普兰查斯的理论方法会导致一种"结构决定论"。米利班德认为自己从经验主义的数据和事实材料中分析社会阶级的构成，正是普兰查斯仅从抽象的角度理解"精英"概念所不具备的。

其次，在阶级分析问题上，普兰查斯认为米利班德的研究是从主体的角度研究阶级的，从资产者和代理人这些具体人员的动机和一致性角度去论证发达资本主义国家"经理人"的出现并不等于新阶级的产生，这导致了一种主体还原论，"把社会阶级和集团还原为人与人之间的关系，把国家还原为组成国家机构的不同集团成员之间的关系，最后把社会阶级和国家之间的关系还原为构成社会集团和国家机构的个体之间的私人关系”[1]。显然，普兰查斯是反对这种人本主义倾向的。米利班德认为如果仅从普兰查斯的唯理论角度是无法认识代理人和资产者之间的真实关系的，他低估了经理人的重要性，如果我们研究统治阶级之间的一致性，就能够看出代理人和所有者之间的真实的分离，说成员动机是重要的，并不是为了论证二者的统一，而是为了反对资产阶级的观点，即动机的必然分离。

最后，普兰查斯认为米利班德由于没能给予国家自主性以很好的理论支撑，因此在解释自主性来源和运行机制方面缺乏力度。而米利班德则否认了自己的论证有失系统性，在国家具有相对自主性这一观点上，他认为二者是相同的。但米利班德认为普兰查斯把官僚作为一种统治的客观力量过于抽象，因此需要从国家机器、国家机构的人员以及精英阶级的角度具体研究才能对国家的相对自主性问题有准确的把握。

（二）第二次论争

随着普兰查斯的思想在英语国家中日渐传播，特别是 1973 年《政治权力与社会阶级》英文版的出版，米利班德于是写了《普兰查斯和资本主义国家》一文，继续就普兰查斯理论中的问题进行批驳，拉克劳等西方学者也加入了辩论。针对这些观点，普兰查斯于 1976 年撰写《资本主义国家——对米利班德和拉克劳的回复》一文予以逐一反驳：

第一，就国家相对自主性问题而言，米利班德指责普兰查斯从结构主义角度分析无法更好地解释相对自主性，尤其对自主性的程度如何（即什么情况下较强和较弱）这个问题无法进行合理的回答。“普兰查斯的方法论不仅使他对资本主义国家和统治阶级之间关系的解释

---

① Nicos Poulantzas, “The Problem of the Capitalist State”, *New Left Review*, No.58, 1969, pp.67-78.

变得无效，而且也推翻了国家相对自主性理论本身"①，也就是说，结构主义方法限制了普兰查斯对国家自主性程度的分析。在米利班德看来，马克思和恩格斯关于国家作为资产阶级事务管理委员会的说法本身便蕴含着国家具有整合不同资产阶级之间利益的使命，只有相对自主性才能完成这种功能和任务。针对米利班德对结构主义方法的批判，普兰查斯认为资本主义国家的相对自主性应该从政治与经济的关系、阶级斗争两个方面来分析，然而米利班德及一些西方学者常常只重视政治与经济分离的具体形式却忽视了阶级斗争这个方面，相对自主性中的"相对"，其实质上指的就是国家相对于统治阶级，因此就自主性的程度这个问题回答的话，需要考察与资本主义国家形式相适应的阶级斗争，而不是就一般形式去论证自主性的相对程度。只有从根本上重视并结合阶级斗争来分析政治与经济的关系，才能更好地理解国家相对自主性问题。

第二，关于国家权力和阶级权力的问题，米利班德认为普兰查斯在《政治权力与社会阶级》中过分强调了阶级权力，而忽视乃至否定了国家权力的存在，这导致了国家相对自主性概念缺乏基础。普兰查斯则反驳道，离开阶级与阶级斗争来谈国家权力只会形成主体论的国家观，也就是把国家作为一种主观绝对的意志决定，国家相对自主性就会理解为官僚和政治精英集团代表的权力。这样做既没有理解阶级和资本主义国家之间的关系，也没有理解资本主义国家有自身机构的特殊性，米利班德对国家权力和阶级权力的区分实际上是把国家和统治阶级视为一种外部的对抗关系，导致为一种此消彼长的零和权力。普兰查斯认为，以经济与政治分离为基础的国家相对自主性，既是一种内在结构，也是由结构和实践(阶级斗争)的内外作用来完成的。

第三，在关于波拿巴主义的问题上，米利班德否认将其作为资产阶级国家的制度性特点，而是把波拿巴主义作为均势条件下的例外，

① Ralph Miliband, "Poulantzas and the Capitalist State", *New Left Review*, No.82, 1973, pp.83-92.

是无产阶级和资产阶级的力量都尚未达到掌握政权下的一种特殊情况。“把波拿巴主义理解为资产阶级的普遍性是错误的，国家都有某种程度上的自主性。”[①]他批评普兰查斯的结构主义症候式的阅读法对马克思和恩格斯进行了过度的解读，使得一切分析都建立在理论结构的框架中而没有结合历史分析，以至于排除了具体的、特殊的历史现象。普兰查斯则坚持把波拿巴主义视为资产阶级的一种普遍性特征，也就是国家相对自主性，从而把波拿巴主义从一种具体形式上升为资本主义国家类型的制度性特征。

三、普兰查斯与米利班德之争的意义

普兰查斯与米利班德之争反映了二者在国家问题上的相似和不同点。普兰查斯和米利班德都坚持了马克思主义的国家、阶级与权力理论，也都承认了国家的相对自主性。他们之间的不同主要是方法论上的差异。普兰查斯是以结构主义的研究方法将国家自主性问题建立在资本主义生产方式的基础上，强调了作为资本主义国家类型的共同特征。而米利班德则以经验主义的方式分析官僚与资产阶级的联系，使得马克思主义国家理论更具有事实性和说服力，同时他注重国家相对自主性的发展和历史演化，即把它看成是一种动态的历史变化过程。值得一提的是，这种论争和相互批判并不是消极的，相反，它使得二者各自注意到自己理论的不足并进行了相互补充。比如普兰查斯在后期的著作中对阶级权力问题进行了修正，从国家的角度将阶级冲突进行重构。事实上，他们在论辩中各自从自己的角度发展了马克思主义的国家理论。

在研究方法上，普兰查斯和米利班德以结构主义和经验主义的方法丰富和发展了马克思主义关于国家、阶级与权力的理论。通过对多元国家理论的批判，深化了对发达资本主义国家的理解和认识，也捍

---

① Ralph Miliband, “Poulantzas and the Capitalist State”, *New left Review*, No.82, 1973, pp.83-92.

卫了马克思主义的政治理论。当然，由于各执一词，他们的理论不可避免地都带有一定的片面性。由于普兰查斯结构主义的局限性，国家相对自主性理论仅限于资本主义国家的研究范围，而米利班德也是把相对自主性用于特殊的国家和情形，双方理论的缺点更是在相互批判中突显甚至夸大。然而，我们不可否认二者的争论对马克思主义理论的积极影响，他们在论述各自观点时创造性地建立和丰富了马克思主义的新方法，从这个意义上说普兰查斯与米利班德之争本身就超越了他们理论本身的价值。

结　语

一、普兰查斯的政治哲学与后马克思主义

后马克思主义的产生解构了以往人们追求本质和结构的思维方式，也消解了马克思主义理论中关于历史必然性和确定性的逻辑，“从理论立场上看，它代表着左派在新的历史条件下的一种思想转型和战略”①。被誉为“后马克思主义的旗手”的拉克劳和墨菲重新思考葛兰西和普兰查斯等西方马克思主义者多次论述的霸权概念，并运用普兰查斯的接合原则对霸权予以新的阐释，结合后马克思主义的政治语境，将权力理论由马克思主义传统中的经济为先转向政治为主，由阶级政治推向话语政治，走向了一种激进民主。

（一）霸权与接合

在分析普兰查斯的意识形态理论中，前文已经提到了普兰查斯对葛兰西霸权概念的批判和改造，他将霸权概念拓展为一种权力的二重关系，从意识形态领域延伸至整个政治领域，体现为一种资产阶级的政治实践。普兰查斯对法西斯主义的阐述以及他对意识形态的批判使后马克思主义学者拉克劳认识到，意识形态是一个复合的统一体，

---

① 周凡：《后马克思主义导论》，中央编译出版社 2010 年版，第 2 页。

而构建这种统一的关键在于在不同的意识形态之间和意识形态内部各个要素之间形成一种“接合”关系，而这种接合原则恰恰也是从普兰查斯那里发展而来的。拉克劳和墨菲的思想主要分前中后阶段，前期主要是在葛兰西理论的影响下，解构和批判结构主义的马克思主义，随后是在批判的过程中对话语展开进一步分析形成了关于新葛兰西主义的话语理论，最后是结合了后现代理论。[①] 事实上，后马克思主义正是从葛兰西的智识霸权角度出发去重构霸权。

在拉克劳和墨菲看来，从列宁到葛兰西，传统的马克思主义者一直主张阶级是霸权力量的核心，“领导和被领导力量之间的差别作为本体论上所有结构层面上的差别被提出来。领导权（霸权）关系是以先于它们的形态学范畴为基础的结构关系”[②]。也就是说，霸权的主体在于阶级，这是以结构为基础的经济领域为前提的，这导致了实践屈从于结构而使霸权主体还原为客观、必然的内在逻辑，从而抹杀了霸权外在的实践性运作空间。因此，必须要攻破经济这一本质主义的最后的“壁垒”。他们并不认为经济领域是一个内在的自我调节的空间，经济空间已经被结构化为政治空间，霸权实践并不仅仅受限于经济结构，而是可以在更大的政治空间里运作。实质上，后马克思主义者否认了经济基础对于上层建筑的决定作用，而是把研究重心集中于发挥政治空间的重要性。

墨菲强调了葛兰西霸权理论中关于超阶级还原论的方面，她认为葛兰西对霸权阶级的界定实际上蕴含着意识形态的要素，也就是说，霸权阶级有时不得不牺牲一定的自身利益来满足其他集团的利益，以维护自身的霸权统治地位。因此，霸权概念需要扩张为一个更大的国家概念来实现各个集团的利益即普遍利益的满足，这种多元化的政治

---

① 参见周凡：《后马克思主义导论》，中央编译出版社2010年版，第76～81页。

② ［英］恩斯特·拉克劳、查特尔·墨菲：《领导权与社会主义的策略——走向激进民主政治》，尹树广等译，黑龙江人民出版社2003年版，第152页。值得注意的是，关于这本著作英文书名“Hegemony and Socialist Strategy”，笔者对其中“Hegemony”的翻译更倾向于采用“霸权”一词，因此在引用该文献时除书名外正文中均以“霸权”代替“领导权”。

要素与普兰查斯对霸权概念进行结构化分析即突破阶级还原论的方法极为相似。“意识形态概念是在葛兰西的霸权问题域中运作的。”①也就是说,葛兰西以霸权的角度来考察意识形态的问题,这种霸权作为一种斗争的政治过程促使意识形态摆脱经济主义的束缚而获得了更大的自主性。

那么,拉克劳和墨菲是如何运用并发展普兰查斯的接合原则来重构霸权概念呢?众所周知,普兰查斯运用接合方法来描述结构内部各个环节之间的一种关系。而到了拉克劳和墨菲那里,接合被界定为“在要素之间建立联系的实践”,这种“要素”(elements)与“环节”(moments)相区分,“接合实践形成的结构化总体称之为话语,在已经形成的话语结构总体中,那些居于不同地位的是环节,而与之对应的没有被话语建构起来的差异谓之要素”②。也就是说,要素表述的是接合之前的差异,而环节是接合后的结果,接合作为一种实践过程表现了要素到环节的同一过程。这是从普兰查斯的接合概念中生发而来的,普兰查斯认为,意识形态作为各个阶级的精神表达,在资本主义社会中意识形态通常表现为一种复杂多元的综合,他并不认为占统治地位就是统治阶级的意识形态,而是赋予这个环节以特殊的自主性,即阶级和意识形态存在着错位关系,占统治地位的意识形态和统治阶级之间并不是一种严格意义上的对应,二者不能简单地等同。尽管普兰查斯用接合原则表述了不同的意识形态要素形成相对统一的意识形态总体,但在拉克劳看来,普兰查斯的工作依然不够彻底,也就是说依然具有阶级还原的色彩,因为他在意识形态总体内部的各个要素中依然把某一个意识形态必然归属于某一个阶级,也就是在意识形态要素与它的阶级规定之间建立了一种本质主义的接合。而拉克劳为了解决这

① Chantal Mouff (ed.), *Gramsci and Marxist Theory*, London, Boston and Henley: Routledge & Kegan Paul, 1979, p.185.

② Ernesto Laclau and Chantal Mouffe, *Hegemony and Socialist Strategy*, London & New York: Verso, 1985, p.105.

一难题，认为如果单独去分析意识形态这个概念时其本身并不存在阶级的含义，它是在具体的话语中构建而成一种接合。也就是说，是接合这个实践过程使得意识形态具有了阶级属性。[①] 这就摆脱了意识形态具有阶级性的先验束缚，将意识形态的作用集中于接合实践，即政治话语的建构，从而推动了普兰查斯意识形态理论向前发展。

(二)从阶级到话语——激进民主政治

后现代主义者对现代性持批判的态度，他们将马克思的现代性政治理论描述为一种元叙事，尽管也承认马克思对现代资本进行的批判，但认为这种批判被现代性政治即一元论的权力观所局限。因此，后马克思主义拒斥总体化的同一性权力，而是强调权力的异质性特征，表现为一种反本质主义。在苏东剧变之后，西方左翼学者认为所谓的“后革命时代”已经来临，应该汲取后现代理论中的反本质主义要素来重新为马克思的政治哲学和政治理论注入活力。拉克劳和墨菲提出激进民主来构建社会主义的政治策略，他们将传统马克思主义的宏观政治界定为阶级政治，于是力图对霸权和接合进行重新阐释，以消解客观的阶级归属与意识形态间的对应关系以及马克思阶级概念的经济基础。在拉克劳和墨菲看来，意识形态的阶级性不再是先验的结构即生产方式所固有，而是由异质的各种意识形态话语接合实践的结果。拉克劳和墨菲从扩大意识形态的自主性到取消话语与非话语之间的区别，从反对阶级还原到告别阶级政治，将政治空间加以重构，形成了去本质化的、激进的多元民主政治策略。

激进民主政治旨在以话语政治取代阶级政治，这是建立在反本质主义的基础上的。在拉克劳和墨菲看来，“任何认同的意义都是多元决定的，因为所有的本义都会在建构中被颠覆、被超越。在多元决定的逻辑空间，既不存在本质主义的总体化，也没有对象之间的本质主

---

① Ernesto Laclau, *Politics and Ideology in Marxist Theory*, London: NLB, 1977, p.97.

义分割，处于他者地位的某些对象的存在阻止了任何认同的固定”①。也就是说，正是接合实践使得异质性“要素”形成同一性“环节”，这种统一性原则只能从话语本身中寻找，用接合概念界定话语，就是为了突出话语的生成作用，从而排除话语之外的先验本质。他们把马克思的理论理解为一种本质主义的经济还原，力图以话语理论来消解经济决定论，以偶然性逻辑颠覆必然性，拒绝阶级分析的方法，主张通过话语建构解决政治问题，将社会与历史纳入话语理论的框架内，同时也将激进民主限定在资本主义的范围，这实际上是一种修正和改良的做法。他们用对抗取代对立，将其作为一种不可消除的普遍性，一种“对被理解的可能性的逃避”②，这实质上是用后现代主义的方法将马克思主义对社会冲突的现实矛盾对立的分析消解了。

后马克思主义者企图揭示当代资本主义变化的内在逻辑，吸收了当代科学的新成果以及后现代主义的新理论，如福柯的离散性、德里达的“延异”(Différance)、拉康的“缝合”概念与思想，在历史语境下保持一种批判立场，他们通过反本质主义、倡导对抗的政治哲学来重构一种多元的激进民主政治策略。他们看到了新社会运动在当代资本主义社会中兴起，然而却忽略了资本与劳动之间的现实对立，也没有从历史和社会现实中考察这些新社会运动与传统工人运动的联系，“它并没有解决如何使这些多元抵抗运动形成具有集体意志的斗争主体、构成具有明确目标的批判运动这一根本问题，更重要的是，后马克思主义把一切具有社会规定性的内容都化解为一种话语逻辑，并认为只有话语逻辑才是社会的真实存在，这就把马克思主义的实践批判精神转换为一种话语革命理论，并使社会主义的价值目标可望而不可及”③，激进民主策略由对经济权力的批判推向了一种政治本体论，结

---

① Ernesto Laclau and Chantal Mouffe, *Hegemony and Socialist Strategy*, London & New York: Verso, 1985, p.98.

② Ernesto Laclau and Chantal Mouffe, *Hegemony and Socialist Strategy*, London & New York: Verso, 1985, p.99.

③ 杨耕:《后马克思主义:历史语境与多重逻辑》,载《哲学研究》2009年第9期。

果导致了政治力量与社会状况的不相称，成为服务于资产阶级利益的“政治解放”，而不是基于历史现实的“人类解放”。

二、普兰查斯的政治哲学与马克思主义

作为西方马克思主义的一个思想流派，以阿尔都塞和普兰查斯为代表的结构主义的马克思主义常被人们认为是一种与实践相脱离的科学主义分支，然而这种评价是有失偏颇的。特别是在普兰查斯的政治哲学中，我们看到其在论述国家、阶级以及意识形态问题时所产生的实践与结构的矛盾张力，这恰恰说明了如果只是以实践主体的哲学角度将社会完全置于人的实践基础上，抛弃科学性质的问题而不顾，那么关于马克思主义革命与科学的统一性就会被割离。因此，我们对马克思主义的真理性探索可以从普兰查斯的思想中得到启迪，他的理论不仅对存在主义以及存在主义的马克思主义进行了深刻的批判，也为后结构主义的产生提供了思想资源，特别是对后马克思主义的形成与发展以及欧洲的共产主义运动产生了重要的影响。

即便如此，普兰查斯的政治哲学还是在欧洲的社会主义运动中受到了来自左派与右派的双面夹击。一方面，在欧洲左派看来，普兰查斯的政治哲学犯了结构主义的“通病”，即以过于学院化的理论形式取代了具体的实践活动及政治事件。这表现在他对欧洲共产主义政治实践的支持，认为欧洲共产党可以通过代议制民主选举的方式打入资产阶级内部从而对其进行社会主义改造，而对于国家垄断资本主义时期的主要矛盾，在普兰查斯看来则成为寡头政治的国家权力与人民权力之间的矛盾，因此建立跨阶级的人民同盟战略成为革命的核心因素。左派认为这其实是把工人阶级的革命领导性地位让渡出去，降低了阶级斗争作为社会变革动力的重要性作用。另一方面，欧洲右派认为，普兰查斯夸大了政治尤其是阶级斗争和意识形态独立性的方面，以社会主义过渡作为资产阶级民主的延伸，这既背离了马克思主义经济基础性地位，也不符合西方资本主义当下的现实情况。显然，这两

种抨击都没有看到其政治哲学在探索马克思主义科学性上的积极意义。

普兰查斯的政治哲学着重于考察资本主义国家政治权力的普遍性和相对自主性，这是以其对马克思主义的经济决定论以及国家的简单工具论的批判为前提的。在普兰查斯看来，资本主义国家的政治权力，并不是来自统治阶级占有资本主义国家机器将其作为工具，而是由具有相对自主性的国家为维护统治阶级的总体、长远的利益所决定的。在前资本主义时期，社会的生产和剥削是通过超经济政治权力以及国家占有的方式完成的；到了自由竞争的资本主义时期，经济与政治相分离，经济在国家发展中扮演着支配性的角色；而在国家垄断资本主义阶段里，政治获得了支配性地位，阶级权力的斗争实践和社会的再生产通过资本主义国家的相对自主性而发挥统一作用。这有力地批判了国家简单工具论所认为的国家作为统治阶级直接掌握国家机器、作为垄断资本利益的工具的说法。普兰查斯认为，国家作为统一的结构整体，职能在于对统治阶级与被统治阶级、统治阶级内部以及权力集团之间通过国家相对自主性形成制度性统一。换句话说，资本主义国家是以一个社会关系的复杂整体而存在的，统治权力与国家权力并非一致，因此存在国家内部的阶级斗争与政治实践的可能，这是由资本主义国家经济与政治之间的历史关系所决定的，它使得资本主义国家在不同的阶段呈现出不同的国家形式。基于此，对普兰查斯来说，欧洲共产主义革命的动力应形成一种跨阶级的人民同盟战略，通过权力集团内部的政治斗争从而使资本主义国家过渡到社会主义。

马克思和恩格斯曾对一种被称为“真正的社会主义”学派进行了批判，认为这些人总是谈论“合理”的社会制度，而非满足阶级和时代的需要，脱离历史基础转而投向思想的基础，“不再表现为一个阶级反对另一个阶级的斗争……不代表真实的要求，而代表真理的要求，不代表无产者的利益，而代表人的本质的利益，即一般人的利益，这种人不属于任何阶级，根本不存在于现实界，而只存在于云雾弥漫的哲学幻想的太空"①。而到了20世纪80年代,这种"真正的社会主义"迎来了复苏并转化成为"新的真正的社会主义"思潮(New True Socialism,NTS),这种思潮的明显特征就是拒绝马克思主义的阶级决定论,表现为对经济主义和阶级还原论的排斥,这造成了政治和意识形态脱离社会经济基础,阶级与阶级斗争也随之被割离。在"新的真正的社会主义"看来,政治与经济的这种偶然性关系导致工人阶级在社会主义运动中不再具有领导性地位,应以意识形态和话语取代阶级斗争。

艾伦·伍德认为,"新的真正的社会主义"的这些思想实际上在普兰查斯的理论中已初见端倪。可以说,普兰查斯的政治哲学和理论反映的是欧洲左派整个一代人的思想探索。从最初的《政治权力与社会阶级》这部专著中我们看到,普兰查斯像其他左翼知识分子一样,试图为欧洲社会主义建立一个既不是斯大林主义又不是社会民主主义的政治理论基础,这种理论探寻是以抽象地批判和否定经济主义为前提展开的,早期理论中的极左倾向包括对政治独立性的强调反映了其思想与阿尔都塞意识形态国家机器的内在联系。值得注意的是,普兰查斯晚期思想将向社会主义过渡作为资产阶级民主的延伸的想法标志着从早期极左的意识形态国家机器到欧洲共产主义的转向,这种变化也反映了整个一代欧洲左翼构建民主社会主义的思想演进,尽管这种构想和实现途径是笼统的、模糊的。普兰查斯意图通过国家权力将政治提高到支配性的地位,通过阶级理论中的生产劳动移除剥削,通过意识形态理论把工人阶级的领导性地位降低为人民同盟中的一部分,从而模糊了资本主义与社会主义的冲突和对立。

在普兰查斯的政治哲学中,我们看到其依然延用了阿尔都塞的方法论,这种以理论形式取代政治事件的思维,不可避免地造成了学者式的抽象、哲学的唯心主义和语言的模糊性的结果。而当这些理论与欧洲共产主义相结合时,又循入一种在资本主义法律和政治框架内通过选举方式获得权力、以深入资产阶级内部的方式对其改造来建立社

---

① 《马克思恩格斯选集》第1卷,人民出版社2012年版,第427页。

会主义的政治策略。正如伍德分析的那样，“欧洲共产主义策略是基于工人阶级对革命政治的厌恶这一历史现实，这一现实同样是极为复杂地影响了西方马克思主义的理论与实践”[1]。这一点在后阿尔都塞者无论是普兰查斯还是“新的真正的社会主义”那里得到了回应，他们试图把工人阶级的领导性地位降低为跨阶级的人民同盟，剥除阶级斗争作为历史变革的动力作用，普兰查斯通过对权力的阐释使得马克思主义理论在国家、阶级、意识形态方面发生了重构。当然，这种理论和政治构建也具有逐渐背离马克思主义经济主义的倾向。

马克思主义的传统在进入20世纪之后发生了变化，特别是在后马克思主义的影响下，总体性观念逐步消解，生产方式这一本质主义“堡垒”也不断遭受攻击，马克思主义似乎逐渐为权力斗争所支配。政治权力的获取在最初的马克思主义构想中原本只是作为消灭阶级的工具、作为历史发展的动力来达到实现革命的目标，而今恰恰相反，阶级斗争逐步成为政治权力的手段，甚至有时还不是最重要的手段。后马克思主义的阶级理论不再能贯穿于阶级形成的进程或阶级斗争的道路中，而只是为阶级内部和阶级之间的联合奠定基础，正如他们此时此地正在做的一样，目的是为了获得政治权力。一方面，欧洲共产主义运动的失败使得左翼知识分子将马克思主义理论融于历史变化的复杂性、政治斗争的妥协性之中，“阶级斗争”“工人阶级”这些核心概念在马克思主义理论中被逐步排挤出去；另一方面，他们在分析阶级结构发展变化的同时，将马克思主义理论与实践结合，以新的斗争形式——选举联合的政治权力竞争作为政治战略的基础。

就马克思主义来说，工人阶级在资本主义社会的重要地位在于，只有工人阶级的阶级利益诉求能够消灭阶级本身，也正是这种独特性使得马克思主义区别于其他的社会改造理论。作为马克思主义的核心，阶级斗争赋予历史发展的动力，既是社会改造和社会主义建设行

---

① [加拿大]艾伦·伍德：《新社会主义》，尚庆飞译，江苏人民出版社2008年版，第20页。

动的信仰,也是对社会关系总体性分析的必然。因为它的基础即历史唯物主义就是以生产关系作为社会存在和发展的关键,以剥削作为资本主义压迫的根源,而工人阶级作为被压迫对象,客观地在解放自身斗争过程中为解放全人类提供了条件,在历史唯物主义原则的延伸中自然地成为潜在的革命阶级,这实际上也是一种从劳动的创造性权力到国家的政治权力中摆脱权力的异化的解放性力量。普兰查斯的政治哲学反映了整个欧洲左翼一代人重构社会主义所进行的分析和探索,"马克思主义哲学是一座从现代走向后现代必经的思想桥梁"①,虽然普兰查斯的理论轨程未必会直接开启连接后马克思主义与马克思主义之门,然而他的确给马克思主义研究者们留下了一把创新和挑战的思想钥匙。

① 杨耕:《马克思主义哲学与后现代主义在当代的相遇》,载《学术界》2000年第4期。

附录一　论普兰查斯对福柯权力思想的批判

20 世纪 70 年代，后结构主义代表人物福柯通过考证权力的历史，提出了微观权力学理论，这引发了当时欧洲理论界特别是左翼学者的广泛评论。西方马克思主义者普兰查斯通常被认为是“结构主义的马克思主义”中的重要人物，这不仅由于他是阿尔都塞的学生，也因为他在理论中运用了结构主义的方法研究权力、国家、阶级等问题。特别是在 70 年代后期，普兰查斯与英国学者米利班德在《新左派评论》上发表的关于国家问题的论战，不仅让普兰查斯在英语学界赢得了声誉，同时他的理论也被认为是“结构主义”政治哲学①，可以说普兰查斯的权力理论受到了阿尔都塞结构主义的直接影响。福柯微观权力学提出后不久，普兰查斯对福柯的权力思想发起批评，他从权力的结构性角度指出福柯思想的局限性，认为福柯的权力观脱离了经济基础，

---

① 普兰查斯为反驳英国学者米利班德对其著作《政治权力与社会阶级》的批判，在《新左派评论》杂志 1976 年第 95 期发表《资本主义国家：答米利班德和兰克鲁》一文，对结构主义进行了两种含义的解释：一是忽略了阶级斗争在历史上占重要分量的结构主义，二是与资产阶级主观唯心主义传统的人道主义历史主义的框架、主体的框架相对立意义上的结构主义。文章中普兰查斯提到自己在第二种意义上是“马克思主义结构主义者”，由此普兰查斯的学说也被学界认为是结构主义的政治哲学。参见徐崇温：《“西方马克思主义”论丛》，重庆出版社 1989 年版，第 447 页。

微观权力的分散性导致其忽视了国家与法律的导向作用，也造成了在政治策略上回避统治权等问题，普兰查斯力图用阿尔都塞式的结构主义方法进一步考察权力问题。

一、福柯的微观权力学

福柯的微观权力学是在西方国家兴起的新社会运动的政治实践背景下提出的，尤其是法国“五月风暴”运动让当时欧洲各国掀起了政治思想的新变革，它也推动了人们重新反思政治实践，正如福柯所言，“这些变化并非由于政党的所作所为，而是由许多运动带来的，它们改变了人们的态度和精神”①。换言之，新的社会运动与过去政党斗争和阶级革命不同，它不再以宏观的政治权力争夺为目标，而表现为非阶级、局部性等新特点。福柯意识到，仅以国家、法律和阶级的视角去分析现代社会发生的权力变化是不够的，在这个意义上，他认为审视当前的政治实践首先需要对传统的权力思想进行批判。

（一）福柯对传统权力理论的辩驳

福柯认为，传统的权力理论可以分为两种模式，即法权模式与经济学模式。法权模式以近代的契约论为核心，主张权力不仅可以占有，而且也可以像商品一样通过契约的方式转让和交换；经济学模式主要体现在马克思主义的权力理论中，认为经济是社会的中心和主导，权力以发展生产关系为目的并达到阶级统治，权力成为统治阶级维护生产关系的工具。“在第一种情况下，政治权力的模型可以在交换的过程中，在商品的经济流通中发现；在第二种情况下，政治权力的理所应当的历史原因，以及它的具体形式和功能原则，都存在于经济

① Michel Foucault, *Ethics: Subjectivity and Truth*, Paul Rabinow ed., New York: The New Press, 1997, p.172.

之中。”[①]也就是说，在传统权力理论中，作为政治的权力是通过经济的形式存在和体现的，显然，福柯把这两种模式的本质都归结为经济模式。

福柯认为需要对这种从经济模式出发的权力思想进行审视：“首先，与经济相比，权力是否始终处于从属的地位？权力的根本目的是为经济服务吗？它注定了要去实现、强化、维持和再生产与经济和经济的功能相吻合的关系吗？其次，权力是以商品为模式的吗？它为我们所占有，获得，根据合同放弃、转让和重新获得，流通或取消的吗？”[②]通过对权力地位、目的以及运作的怀疑，福柯把从经济模式出发的权力理论归结为具有宏观性和结构性特征，然而却并不能说明权力的本质和特征，比如我们可以通过马克思的分析明白国家、阶级以及革命这些范畴，却无法具体理解诸如阶级斗争中的权力到底意味着什么。因此，对权力的解释不应该再从经济的角度出发，而是要回归政治深入微观层面从权力本身对其本质和运行机制进行考察。

（二）权力的本质

福柯并没有使用宏观叙事和结构总体的方式研究权力，而是主张采取一种后结构主义式的“微观权力学”，即深入到社会的微观层面研究权力的多样性和不确定性。在他看来，权力是一种多元的、离散的、无中心的关系网。

首先，权力的本质体现为一种关系。与传统权力观认为权力是物的观点不同在于，福柯认为权力是一种关系，权力关系在过程中不断地流动。“权力从未确定位置，它从不在某些人手中，从不像财产或财富那样被据为己有。”[③]这意味着权力不能简单看作是被谁占有和支配

---

① ［法］米歇尔·福柯：《权力的眼睛》，严锋译，上海人民出版社1997年版，第223～224页。

② ［法］米歇尔·福柯：《权力的眼睛》，严锋译，上海人民出版社1997年版，第224页。

③ ［法］米歇尔·福柯：《必须保卫社会》，钱瀚译，上海人民出版社2010年版，第27～28页。

的物，而是具有流动性、不确定性的复杂关系，它是运转的。

其次，权力处于力量交错的场域。权力关系并不是一种单向的线性关系，也不同于日常所理解统治层面中自上而下的控制，而是处在一个复杂交错的场中，“一个永远处于紧张状态的活动之中的关系网络”①，这张网将人与人的关系错综地联结，个人在其中既可能是权力的控制者，也可能是权力的受支配者。

然后，权力关系具有无主体性。正如权力是一张相互交错的关系网，处于其中的个体只是置身其中的一个结点，它消散了之前的权力主体性，这让问题的焦点变成了不是权力由谁来掌握，而是如何来运行。

最后，权力无需有固定的中心。福柯反对马克思主义理论中将权力设定在以国家为中心，“不要在它们中心，在可能是它们的普遍机制或整体效力的地方，分析权力的规则和合法形式……重要的是在权力的极限，在它的最后一条线上抓住权力，那里它变成毛细血管的状态”②。换言之，考察权力不需要再以中心为聚焦点，而是要深入到边缘，以微观的视角在权力“最地区性的、最局部的”形式和制度中研究。

（三）微观权力的运行机制

在福柯看来，传统的权力学包括马克思主义的政治理论中更多地探讨了由谁掌握权力这一问题，但是这并没有抓住权力问题的核心，关键在于研究权力如何运行，即一种关于权力的治理术和机制。在这个意义上，福柯提出规训性权力，旨在通过对人的行为进行规范化训练来发挥权力的作用，“它包括一系列手段、技术、程序、应用层次、目标，它是一种权力‘物理学’或权力‘解剖学’，一种技术学”③。事实上，

① ［法］米歇尔·福柯：《规训与惩罚》，刘北成等译，三联书店1999年版，第28页。

② ［法］米歇尔·福柯：《必须保卫社会》，钱瀚译，上海人民出版社2010年版，第26页。

③ ［法］米歇尔·福柯：《规训与惩罚》，刘北成等译，三联书店1999年版，第241～242页。

规训性的权力不同于以往宏观层面通过国家压制或意识形态控制，而是深入微观层面以规范化的监视和管理等精细、有效的技巧来达到权力对人和社会的支配。

总之，福柯反对普兰查斯等西方马克思主义者将国家作为权力实践的主要场所。在他看来，权力已经融入社会中，国家只是众多权力栖息的场所之一。他指出："如果我们在看待权力的时候，仅仅把它同法律和宪法，或者是国家和机器联系起来，那就一定会把权力的问题贫困化。权力与法律和国家机器非常不一样，也比后者更复杂、更稠密、更具有渗透性。"[①]如果只是把权力与国家、法律这些宏观机制结合起来是不够的，权力的研究必须要深入到更为精密、复杂和多元的社会中。

二、普兰查斯的结构主义权力观

（一）普兰查斯思想中的结构主义要素

"多元决定论"作为阿尔都塞思想中的一个关键概念，用以描述结构内部不同层面间的相互作用，它也被用于社会历史中来突出其多元性的特征。阿尔都塞在使用这个术语时表示各种矛盾积聚的融合，他借用"多元决定"概念具有两层含义：一是表示多元决定论与一元决定论相对立的关系；二是将这个概念放置于社会历史中说明上层建筑具有的对经济基础的特殊作用。普兰查斯在讨论权力与国家、阶级问题时沿用了阿尔都塞的这个概念，并将其赋予了更多的政治哲学内涵。

一方面，在论述上层建筑的特殊作用时，阿尔都塞认为多元决定意味着上层建筑中有效的决定要素，"只要承认上层建筑的形式和国内外环境在多数情况下是特殊的、独立的和不能归结为单纯现象的真

① [法]米歇尔·福柯：《权力的眼睛》，严锋译，上海人民出版社1997年版，第161页。

实存在，矛盾的多元决定就是不可避免的和合乎情理的”[①]。而在普兰查斯看来，多元决定论不仅可以指向结构内部，还可以分析政治领域，尤其是政治权力与阶级斗争。由于多元决定论赋予了上层建筑尤其是政治和意识形态自主空间，矛盾在复杂的整体结构中于特定的历史阶段会引发具体的斗争和冲突，因此政治和意识形态能够影响阶级斗争的权力关系。政治的这种多元决定表现为国家职能的“综合作用”，普兰查斯认为国家的技术经济职能、意识形态职能或政治职能是并不存在的，存在的只是“由国家所处地位而注定的综合的调和职能，这种职能有多种形式，并通过特殊的政治形式而受到多元的决定影响”[②]。他强调了国家的各方面职能通过国家的综合作用而构成政治职能，而国家作为一个划分成阶级的社会形态中的调和因素，正是通过这些职能来实现不同阶级的政治利益。

另一方面，普兰查斯还用多元决定论来阐述马克思的社会阶级概念。他认为马克思对社会阶级的分析不仅是指经济结构，而是指生产方式和社会形态的结构的整体，“社会阶级是这样一个概念，它表示结构的整体，表示一种生产方式或者一种社会形态的模式对承担者——他们构成社会阶级的支持者——所产生的影响：这个概念指示出社会关系领域内全部结构所产生的影响”[③]。这意味着，社会阶级不能看作是一个结构的部分，而要视为一个结构的整体，社会阶级就是各种结构的整体及其相互关系的产物。

（二）普兰查斯的权力概念

第一，权力是由阶级实践领域所构成的，它表示结构整体对处于冲突中的各个阶级的实践关系的影响。普兰查斯认为马克思和恩格

---

① [法]路易·阿尔都塞：《保卫马克思》，顾良译，商务印书馆 2006 年版，第 103 页。

② [希腊]尼科斯·波朗查斯：《政治权力与社会阶级》，叶林等译，中国社会科学出版社 1982 年版，第 44 页。

③ [希腊]尼科斯·波朗查斯：《政治权力与社会阶级》，叶林等译，中国社会科学出版社 1982 年版，第 64 页。

斯在提到权力相关的概念时，总是在阶级关系领域探讨，列宁更是把权力关系的领域确定为阶级斗争的领域。“阶级和权力是同类的概念，他们所包含的领域是由社会关系所确定的领域”[①]，权力关系以社会关系为其活动的领域，因此权力关系就是阶级关系。运用结构主义方法，普兰查斯进一步指出，权力用以表达结构整体对处于冲突中的各个阶级的实践关系的影响，“就像阶级概念表示各个方面的整体对支持者的影响一样，权力概念表明这些方面的整体对斗争中的社会各阶级之间关系的影响”[②]。也就是说，权力并不存在于各结构方面，而是它在这些方面的整体所产生的影响，权力中心的组织既和结构内部各环节相联系，又取决于阶级斗争的各种力量对比。

第二，权力标志着一个阶级实现其特殊客观利益的能力。普兰查斯认为权力概念的这种成分与马克思对阶级组织的分析有关。马克思关于阶级组织的论证包含着阶级权力实践的条件，“政治运动，即目的在于用一种普遍的形式，一种具有普遍的社会强制力量的形式来实现本阶级利益的阶级运动”[③]。也就是说，一个阶级的权力组织是它实现自己利益的必要条件，权力所显示的关系不直接为结构所决定，它取决于在阶级斗争中表现出来的各种社会力量之间的确切关系。正如结构或实践并不简单地表示整体一样，权力关系也不是简单地表示整体，“它们是复杂的和彼此错位失调的关系，最终取决于经济权力”[④]。归根结底，权力分析要结合阶级实践及阶级在政治、意识形态尤其是经济方面的支配地位综合考察。

第三，国家是执行政治权力的中心。在普兰查斯看来，各种社会

---

① ［希腊］尼科斯·波朗查斯：《政治权力与社会阶级》，叶林等译，中国社会科学出版社1982年版，第104页。

② ［希腊］尼科斯·波朗查斯：《政治权力与社会阶级》，叶林等译，中国社会科学出版社1982年版，第104页。

③ 《马克思恩格斯选集》第4卷，人民出版社2012年版，第498页。

④ ［希腊］尼科斯·波朗查斯：《政治权力与社会阶级》，叶林等译，中国社会科学出版社1982年版，第119页。

机构尤其是国家机构严格说来并不具备任何权力。从权力的角度上讲，这些机构只能与掌握权力的社会阶级联系在一起。“在执行权力时，社会阶级的这种权力被组织在特殊机构中，这些机构就是权力中心。”[①]所以从这个意义上说，国家就是执行政治权力的中心。同时，普兰查斯并没有和马克思和恩格斯一样坚持国家工具说。他表示，像经济、政治、军事、文化等性质的机构并不是社会阶级权力的工具、机关或附属物，而是具有自己的独立性和结构方面的特征，这一点上他采取了多元决定的结构主义方法，赋予上层建筑以自主性从而避免了经济决定论。“在研究与权力有关的各种社会机构的过程中，必须根据它们在阶级斗争领域的影响来考虑这些机构，因此集中于一种机构里的权力是阶级的权力。”[②]换言之，各种机构的相对独立性，并不是由于它们具有与自身阶级权力不同的权力，而是因为它们与结构的关系。

三、普兰查斯对福柯微观权力学的批评

在福柯提出微观权力学之后不久，普兰查斯于1978年出版了《国家、权力、社会主义》一书，其中对福柯思想的局限性提出了针对性批评。普兰查斯主要从权力与生产关系、权力与国家、权力与阶级斗争、权力与知识的关系四个方面对其展开批判。

首先，福柯的权力观脱离了经济基础。普兰查斯认为，福柯对传统权力学的辩驳仅仅从商品的流通和交换层面来分析权力与经济之间的关系，对于马克思的“经济”概念也只是停留在商品交换方面，他没有看到权力与资本逻辑、权力与阶级斗争和阶级利益之间的关系。普兰查斯批评福柯所说的权力关系“除了自身之外没有任何基础：权

① [希腊]尼科斯·波朗查斯：《政治权力与社会阶级》，叶林等译，中国社会科学出版社1982年版，第120页。

② [希腊]尼科斯·波朗查斯：《政治权力与社会阶级》，叶林等译，中国社会科学出版社1982年版，第120页。

力关系成了纯粹的'处境'，而权力在其中固守自封"[①]。这样一来，关于权力是什么特别是权力如何运行的问题就成了障碍。由于福柯对权力与生产关系的模糊不清，最终使得权力和阶级关系相脱离。

在普兰查斯看来，权力标志着一个阶级实现其特殊客观利益的能力。他认为马克思常常提到资本家阶级的经济权力，并且在这些地方经常用到"经济统治"这个术语。从结构主义的视角出发，普兰查斯指出权力分析要结合阶级实践及阶级在政治、意识形态尤其是经济方面的支配地位综合考察。"经济作为结构并不妨碍权力关系在经济阶级斗争方面表现出来。"[②]普兰查斯还指出，生产关系在一定意义上对权力起着决定性的作用，"经济权力有多种表现形式，它受到生产关系多元决定的影响"[③]。福柯对马克思主义以及传统权力学的经济还原没有看到权力与阶级以及阶级实践的结构关系，造成权力与经济相脱离的结果。

第二，福柯的权力观过于分散，忽视了国家和法律的主导作用。福柯通过对权力的微观物理学"手术解剖"式的分析，试图用微观的权力谱系来替代宏观权力，这种方式遭到了普兰查斯的批评。普兰查斯指责福柯的微观权力过分地强调了权力的分散，从而消解了国家对权力的组织和统一。"他低估了为保证这些惩罚方法的有效性而必需的暴力、司法和警察以及一般的法律所扮演的特殊角色。尤其忽视了宪法和行政法在规范和调节有组织的公共暴力的行为中所起到的积极作用……也忽视了一般法律这个平台，而它恰恰促进双方以和平的方式达成共识。"[④]通过规训性的权力运行机制虽然能够对内在化的现代

---

① Nicos Poulantzas, *State*, *Power*, *Socialism*, translated by Patrick Camiller, London: Verso, 1980, p.149.

② ［希腊］尼科斯·波朗查斯：《政治权力与社会阶级》，叶林等译，中国社会科学出版社 1982 年版，第 107 页。

③ ［希腊］尼科斯·波朗查斯：《政治权力与社会阶级》，叶林等译，中国社会科学出版社 1982 年版，第 107 页。

④ Nicos Poulantzas, *State*, *Power*, *Socialism*, translated by Patrick Camiller, London: Verso, 1980, pp.84-87.

社会形成一定程度上的解释,然而对于国家权力和法律制度的权力作用的理解却是片面的,这造成了福柯无法对现代社会的权力进行全面而辩证的分析。

在普兰查斯看来,国家是执行政治权力的中心,是“由阶级斗争和实践所决定的权力关系的物质性浓缩”①,国家起初就构成了不同阶级斗争的场所,它以经济来组织市场以及调和财产关系,以法律来规范劳动分工,权力关系本身就在社会中以不同阶级间的生产与实践关系得以表现,而并不是福柯所认为的权力没有别的基础只有权力关系本身,福柯对权力的分散实际上是对结构性权力的消解。

第三,福柯重权力分析而轻阶级斗争。福柯的权力理论夸大了权力概念的微观视角,强调了权力关系的个体化和无中心特性,这就导致了一种“平民”式的反抗策略,排除了阶级斗争和抵抗的可能性。正如福柯所言,这种平民策略只是确定了“无数的冲撞点”以及“不稳定的中心”,每一点都发生冲突、斗争,甚至发生暂时的权力关系的颠倒,也就是说,平民抵抗策略实质上是一种局部的反抗,主张针对微观机制中的特殊权力进行局部的斗争,比如来自医院病人、监狱罪犯和同性恋者的斗争。对此,普兰查斯指出:“阶级斗争总是在源头上和构造上就被污染,因而只能沦为权力的复制品,甚至是权力合法化的根源。”②他批评福柯的抵抗策略与马克思主义的革命和阶级斗争理论相悖,这种反抗变成了没有任何的基础,归根结底是由于福柯对权力概念的本质化和绝对化分析,这实际上是一种无国家的政治理论以及无阶级的斗争理论。

与此相反,普兰查斯指出,权力是由阶级实践领域所构成的,它表示结构整体对处于冲突中的各个阶级的实践关系的影响。正如马克

① Nicos Poulantzas, *State*, *Power*, *Socialism*, translated by Patrick Camiller, London: Verso, 1980, p.123.

② Nicos Poulantzas, *State*, *Power*, *Socialism*, translated by Patrick Camiller, London: Verso, 1980, p.150.

思所指出的那样，“政治运动，即目的在于用一种普遍的形式，一种具有普遍的社会强制力量的形式来实现本阶级利益的阶级运动”①。权力关系就是阶级关系，权力与阶级是同源的，它体现了阶级关系里统治者和被统治者之间的阶级斗争，“权力概念的表现形式就是处于冲突状态的各个阶级实践之间的关系的结构所产生影响的限界”②。在这个意义上，权力所显示的关系取决于在阶级斗争中表现出来的各种社会力量之间的确切关系，它们是结构内部的关系。

最后，福柯高估了权力和知识的意义。福柯的权力理论中把权力和知识视为一种共生体关系，培根曾经提出“知识就是力量”，在当代资本主义条件下，权力借助于知识达成支配和控制的目的，使知识为权力的运行提供科学的服务；而知识借助权力的发展，不断扩大自己在社会的影响力。“权力产生知识，这不单是因为知识为权力服务而鼓励它，或是由于知识有用而应用它；权力和知识正好是相互蕴含的，如果没有相关联的知识领域的建立，就没有权力关系，而任何知识都同时预设和构成了权力关系。”③正是通过对知识考古学的分析，福柯认为微观权力已被分散在知识结构里，从而不断形成有力的表达。因此，他更偏向于对权力进行多样性和碎片式的研究。

普兰查斯认为不应高估权力与知识间的联系，他更看重体力劳动与脑力劳动的分工所产生的作用，“权力和知识只是对意识形态自发和基本的形式的补充和增强，这些形式通过资本主义生产关系和资本主义劳动的社会分工的终结而存在于国家结构中”④。在当代资本主义条件下，脑体分工是国家权力制度化运作的结果，国家在脑体分工的再生产环节具有重要的影响。国家作为“脑体劳动分离的刻写”，通

---

① 《马克思恩格斯选集》第4卷，人民出版社2012年版，第498页。

② ［希腊］尼科斯·波朗查斯：《政治权力与社会阶级》，叶林等译，中国社会科学出版社1982年版，第113页。

③ ［法］米歇尔·福柯：《权力的眼睛》，严锋译，上海人民出版社1997年版，第32页。

④ Nicos Poulantzas, *State, Power, Socialism*, translated by Patrick Camiller, London: Verso, 1980, p.72.

过建立权力和知识之间的联系,使得脑力劳动与政治统治相结合完成脑体分工的这种再生产,同时也获得统治的新手段。

四、普兰查斯批评福柯的意义与局限

(一)普兰查斯批评福柯的意义

第一,普兰查斯从结构主义的角度指出了福柯微观权力学的片面性和破坏性。微观权力学过于强调规训、治理术等微观的权力机制,以至于片面地否定了宏观权力,权力的分散也造成了对传统权力特别是权力结构的消解。事实上,对日常生活中的微观权力的分析并不能代替和否定国家权力等宏观机制,而面对这种理论造成的局限,福柯最终采取了规避的悬置策略,回避了政治权力由谁控制这样一个根本性的统治问题。这些都与马克思主义关于权力的政治理论背道而驰,难怪普兰查斯说:"不要指望从福柯的叙事中得出什么重要的结论,他的某些解释不仅与马克思主义相冲突,而且也只能以马克思主义分析作为起点才能够理解。"①

第二,普兰查斯站在结构主义马克思主义的立场上捍卫了马克思的宏观权力理论。作为马克思主义理论家,普兰查斯建立了关于资本主义国家和权力的理论,他把研究的重点放在了资本主义这一类的国家,所探讨的概念和范畴也都与作为社会关系的国家的结构相联系。与之相反的是,福柯尽管也会在理论中运用马克思主义的概念,但主要为了研究新兴资本主义社会中的国家谱系,这是二者在研究路径上的共时性和历时性差异。如果说福柯的微观权力学拓展了现代社会中权力的形式和机制,是基于对传统马克思主义理论中宏观权力问题的简单化、空洞化的批判,那么普兰查斯的批判则是以结构的思维方式重新理解传统权力理论所面临的问题,是对马克思宏观权力理论的捍卫。

---

① Nicos Poulantzas, *State*, *Power*, *Socialism*, translated by Patrick Camiller, London: Verso, 1980, p.68.

第三，普兰查斯的批判以不同的视角突显并深化了微观权力学。福柯的微观权力学理论发表后，一时间被一些新的社会新思潮追捧，然而也遭到了包括哈贝马斯、瓦尔泽等诸多西方学者的否定甚至误读。普兰查斯的批判体现了二者在对待权力问题上的不同维度。值得注意的是，一方面，福柯权力学中的很多观点被普兰查斯加以吸收和借鉴。比如，在谈到国家的"孤立效应"时，普兰查斯认为这不仅可以理解为意识形态的物质化，还可以看作是福柯式"规训"的制度实践。另一方面，福柯从普兰查斯的批判中得到启发，他从对微观物理学及治理的技术性探寻拓展到更广泛的策略和制度整体的研究，从而让权力关系理论进一步发展并使"微观政治"思想脱颖而出。正如鲍勃·杰索普所言，"福柯对普兰查斯的影响不只局限于普兰查斯与福柯式的语言'玩弄'，更因为福柯与他在权力和策略问题上以及在相对一致性和社会形成的内聚力的理由等方面有着很多相同的看法"①，这反映出了他们的权力理论在当代所形成的碰撞与融合。

（二）普兰查斯批判的局限性

普兰查斯对福柯乃至后结构主义的权力观的局限性作出了较为系统的批判，并以结构主义的视角挖掘权力的宏观内涵，这对于恢复和重建宏观权力的中心地位，无疑具有深刻的理论意义。然而应该看到的是，作为结构主义者的普兰查斯以权力的政治实践为研究对象，以结构主义的马克思主义为方法本源，这导致了其无论是在理论内部还是对福柯的批判中始终存在着结构与实践的矛盾关系。正如霍尔所言，"普兰查斯的每个问题中都存在着结构效应与实践效应的双重架构"②。这体现在普兰查斯的批判总是力图找出福柯思想中的结构性不足，将实

① ［英］莱姆克等：《马克思与福柯》，陈元等译，华东师范大学出版社 2007 年版，第 102 页。

② Stuart Hall, "Nicos Poulantzas: State, Power, Socialism", *New Left Review*, Vol.119, 1980, p.60.

践中权力的多变复杂性的来源诉诸结构,把它归结为资本主义结构内部的各个环节的接合关系,却没有追问结构之所以能够起决定作用的原因。所以在结构和实践关系上,普兰查斯依然是以结构作为出发点,这在权力的分析中一定程度上限制了对实践方面的开放性考察。

福柯的权力观是在对传统宏观权力理论的批判基础上建立的,他以一种新的微观视角分析了关于权力的技术性手段,并以日常生活的权力关系为研究对象形成了"后现代"的政治思想,回应了20世纪60年代之后新社会运动形势下人们对政治实践变革的诉求。事实上,马克思提出"资本是资产阶级社会的支配一切的经济权力"[①],是将权力以一种总体性的视野放置于资本逻辑中进行分析的,权力既支配着国家和社会的宏观运动,又深入到日常生活的微观层面,归根结底它们都是资本关系的产物,既不能否定宏观权力的中心地位,同时也要重视微观权力学在日常领域发挥的作用。"从普兰查斯的著作中还原他对后现代主义的批判在今天也具有特殊的意义,特别是当前左派对后结构主义的失望,急需变成一个连贯的、有说服力的理论。"[②]普兰查斯对福柯权力的批判启示我们要重视马克思对权力分析的总体性的资本逻辑,结合结构与实践的辩证关系,把宏观和微观权力学有机统一起来,这既有助于拓展和深化我们对权力理论的考察,对权力本身的理解和建设也有着重要意义。

(原文发表于《北京师范大学学报(社会科学版)》2018年第2期,有修改)

① 《马克思恩格斯全集》第30卷,人民出版社1995年版,第48～49页。

② Andreas Kalyvas, "The Stateless Theory: Poulantzas's Challenge to Postmodernism", *Paradigm Lost: State Theory Reconsidered*, Minneapolis: University of Minnesota Press, 2008, p.106.

附录二　马克思主义关于国家相对独立性的阐释与演变

——以普兰查斯的国家相对自主性为视角

一、国家的相对独立性

马克思和恩格斯认为，原始社会生产力的发展、分工以及私有制的出现使得个人利益与建立在人相互交往之上的群体的共同利益之间发生了矛盾，而阶级的产生更是让人民的相互交往间所产生的共同利益逐步消失并转化，变成个人利益与经济上占优势地位并夺取政治权力的统治阶级代表的社会公共利益之间的矛盾。而为了维护这种统治阶级代表的社会公共利益，它就需要以更强大的权力即诉诸国家的身份进行管理，也就是说以国家权力这种特殊的公共权力进行维护与统治，这样一来就使得公共利益与实际的统治阶级利益相脱离，国家成了体现公共利益的虚幻的共同体。

正如马克思所言，"国家内部的一切斗争——民主政体、贵族政体和君主政体相互之间的斗争，争取选举权的斗争等等，不过是一些虚幻的形式——普遍的东西一般来说是一种虚幻的共同体的形式——，在这些形式下进行着各个不同阶级间的真正的斗争"①。在他看来，阶级想要成为统治阶级，纵使像无产阶级那样推翻一切旧的统治，也都得在初期将自身的阶级利益宣扬为普遍的共同的利益，为的就是要取得政权。由此可见，国家所体现的形式并不是统治阶级直接组织管理，而是代表着一种社会共同体，它以国家的身份管理全体国民，它包含了统治阶级统治其他一切阶级，然而这种社会共同体在马克思和恩格斯看来并非国家的真正本质，因为它掩盖了国家的阶级性，隐藏了阶级专政的国家本质特征。

（一）公共权力的相对独立性

由于个人利益与公共利益的追求不同，公共利益在人民大众看来只是一种特殊的（代表统治阶级的）"普遍"利益。这种代表公共利益的公共权力于是被认为是某种异己的、非自身联合的权力。国家凭借"与人民大众分离的公共权力"对特殊利益实行干涉与控制，即"这些始终真正地同共同利益和虚幻的共同利益相对抗的特殊利益所进行的实际斗争，使得通过国家这种虚幻的'普遍'利益来进行实际的干涉和约束成为必要"②，而这种异己的公共权力使得国家具有相对于社会的独立性。

正如马克思在《法兰西内战》中所分析的那样，国家机关和国家政权的存在是为了追求阶级自身的特殊利益，这是国家的阶级性本质特征决定的，这些特殊的机关设立初衷只是为了谋求共同的利益，然而随着分工和私有制的发展，阶级的产生让共同利益成为统治阶级本身所代表的特殊的普遍利益，为维护这种利益它通过国家的公共权力对其他阶级的特殊利益进行约束和干涉，这样一来，国家机关的角色发生了转变，它们由"社会的公仆"转变成为"社会的主人"。马克思举例说明了这种情况不仅发生在世袭的君主制国家，也同样发生在像美国

① 《马克思恩格斯选集》第1卷，人民出版社2012年版，第164页。
② 《马克思恩格斯选集》第1卷，人民出版社2012年版，第164页。

这样的民主共和国。“正是在美国,我们可以最清楚地看到,本来只应为社会充当工具的国家政权怎样脱离社会而独立化。那里没有王朝,没有贵族,除了监视印第安人的少数士兵之外没有常备军,不存在拥有固定职位或享有年金的官僚。然而我们在那里却看到两大帮政治投机家,他们轮流执掌政权,以最肮脏的手段来达到最肮脏的目的,而国民却无力对付这两大政客集团,这些人表面上是替国民服务,实际上却是对国民进行统治和掠夺。”①马克思批判美国轮流执政的两党政治实质只是为谋求本党利益进行操纵的生意,揭露了资产阶级政治家们作为国民中的权势阶层是如何运用国家公共权力的这种独立性统治社会的。

马克思主义在认为国家具有独立性的同时,也指出国家的独立性是相对的,它受到社会的制约。在《哥达纲领批判》里,马克思曾批判德国工人党的国家观彻底脱离了社会现实,“它对社会主义思想领会得多么肤浅;它不把现存社会(对任何未来的社会也是一样)当做现存国家的(对未来社会来说是未来国家的)基础,反而把国家当做一种具有自己的‘精神的、道德的、自由的基础’的独立存在物”②。恩格斯也认为,即便是在生产力比较发达的大工业现代社会,国家也不是独立的存在物,它依赖于社会的经济生活条件,一切争取解放的政治阶级斗争,归根结底是围绕经济解放进行,国家以集中的形式反映了社会的经济需要。因此在这个意义上,国家的独立性只是相对的独立性。

(二)国家的阶级性与相对独立性之间的关系

尽管马克思恩格斯在论述国家的本质时持有国家工具说,认为“国家是阶级统治的工具”,但是并没有因此就忽视了国家的相对独立性特征,国家的阶级性与相对独立性之间并不是完全对立的关系。“马克思恩格斯并不仅仅把国家作为统治阶级的工具,或者是它的完

① 《马克思恩格斯选集》第3卷,人民出版社2012年版,第54页。
② 《马克思恩格斯选集》第3卷,人民出版社2012年版,第373页。

全被动的简单反映，而是把国家作为一种复杂的工具。所有这些关于工具、反映等等的隐喻，只是作为一种近似的、简化的、启示性的论述出现的"[①]，哈尔·德雷珀的这段评论启示我们，不能把历史唯物主义的国家观简单地视为工具论，也不能将国家看成具有完全脱离社会现实的独立存在，而是要更为全面地理解国家的阶级性与独立性之间的关系。

首先，国家的相对独立性表现为一定程度上掩盖了国家的阶级性本质。恩格斯在《路德维希·费尔巴哈和德国古典哲学的终结》中指出，国家一旦产生便作为第一个支配人的意识形态力量出现，"社会创立一个机关来保护自己的共同利益，免遭内部和外部的侵犯，这种机关就是国家政权"，这种机关是相对独立于社会的，"它越是成为某个阶级的机关，越是直接地实现这一阶级的统治，它就越独立"。[②] 也就是说，统治阶级运用国家的独立性特征执行统治功能。这样一来，统治阶级与被统治阶级之间的阶级斗争就转变为政治斗争，而关于这种斗争背后的经济基础则被逐渐隐藏以至消失。恩格斯分析说，经济基础的这种模糊性表象是通过国家作为独立于社会的力量所产生的意识形态功能达到的，一是靠法律形式，二是靠哲学与宗教，它们使得观念同自身的物质存在条件的联系愈发错综复杂，这些中间环节使得政治斗争、意识形态与经济基础的联系模糊起来，国家的阶级性也就被国家的相对独立性掩盖隐藏起来。国家虽然是统治者的阶级工具，但是却以共同体的形式表现出来，使得国家相对独立于社会。

其次，国家的阶级性需要依靠国家职能来执行和实现。国家作为阶级本质的实现，需要建立国家机构来实现统治和管理。在维护统治上，"到目前为止在阶级对立中运动着的社会，都需要有国家，即需要一个剥削阶级的组织，以便维护这个社会的外部生产条件，特别是用

---

① Hal Draper, *Karl Marx's Theory of Revolution*, Vol.1: *State and Bureaucracy*, New York & London: Monthly Review Press, 1977, p.319.

② 《马克思恩格斯选集》第4卷，人民出版社2012年版，第259页。

暴力把剥削阶级控制在当时的生产方式所决定的那些压迫条件下”①，国家暴力机关则是镇压被统治阶级反抗的物质承担者，同时也用于维持社会和生产秩序的公共权力。在社会管理上，国家的管理权力以一种独立于社会的公共权力调和阶级矛盾，有效地维护特殊利益和社会的公共利益，然而从根本上说依然是为统治阶级服务，所以在马克思和恩格斯看来，“现代的国家政权不过是管理整个资产阶级的共同事务的委员会罢了”②。国家的政治统治与社会管理在职能上是相辅相成的，社会管理是维持政治统治的基础，社会管理的执行又取决于政治统治，国家的阶级性得以在国家的这两种职能的相互作用下实现。

最后，生产力的高度发展最终将消灭阶级对立，公共权力也将由少数人转到社会全体成员，国家消亡最终成为自由人的联合体。一方面，生产力的高度发展会使产品极大丰富，人们的需求得到满足，同时各个阶级之间也实现了经济政治地位的平等，阶级特性随之消失；另一方面，由于社会产品的富足劳动者成为产品的占有者以及生产的管理者，由此带来道德和观念水平的提高，包括管理社会事务等各个方面的能力得到全面发展。阶级的消失使得国家的政治权力也失去存在价值，而国家的产生恰恰由于公共权力独立于社会，当公共权力从少数的统治者回归到全体社会成员手中时，国家权力将不再与社会分离而是融合，这时国家将会灭亡，国家的命运在历史唯物主义者眼中将会“不可避免地要消失。在生产者自由平等的联合体的基础上按新方式来组织生产的社会，将把全部国家机器放到它应该去的地方”③，这即是历史唯物主义国家观中国家自行消亡而形成的自由人的联合体社会。

① 《马克思恩格斯选集》第3卷，人民出版社2012年版，第668页。
② 《马克思恩格斯选集》第1卷，人民出版社2012年版，第402页。
③ 《马克思恩格斯选集》第4卷，人民出版社2012年版，第190页。

二、国家的相对自主性

“国家相对自主性”(relative-autonomy)是普兰查斯国家理论中提出的基本范畴，它表示的是资本主义国家具有相对于统治阶级的自主性权力，主要体现于阶级实践与阶级斗争方面。学界通常认为是普兰查斯最早提出并使用这个概念，然而事实上，这个术语早在阿尔都塞的哲学中就已提出，作为学生的普兰查斯将其发挥运用于资本主义国家和阶级的研究中，使这个概念生发出当代政治哲学的内涵。在普兰查斯看来，马克思和恩格斯对波拿巴主义国家相对独立性的分析给予他极大的启发，他在经典马克思主义论述的基础上对国家的独立性进行了改造，使其变成了具有普遍意义上的相对自主性概念。

(一)相对自主性概念的起源

阿尔都塞最早使用“相对自主性”这个概念来表示上层建筑尤其是政治和意识形态领域具有相对于经济基础的多元决定作用。一方面，“相对自主性”概念的提出旨在反对当时人本主义从主体意识角度所倡导的一元经济决定论思想；另一方面，阿尔都塞是以结构主义的方式分析上层建筑与经济基础的相互作用，正如《保卫马克思》里所说，“生产方式是决定性因素，同时上层建筑也具有相对自主性”，他强调了结构内部的政治和意识形态上层建筑的多元决定作用，因此本身具有结构性意义。

普兰查斯虽然沿用了阿尔都塞的“国家相对自主性”概念，但是其内容已然发生了变化。这主要体现在：首先，“相对自主性”概念从结构关系进一步扩展至阶级实践方面，因为在普兰查斯看来，仅仅把握国家自主性的结构性关系是不足的，还需要进一步扩展到阶级斗争的实践领域，尤其是国家对权力集团的阶级和派别以及其所有的联盟的自主性关系。其次，与阿尔都塞反对经济决定论不同的是，普兰查斯是以反对国家工具论的“简单化”和“庸俗化”为目的的。最后，普兰查斯把国家相对自主性限定在资本主义国家这样一个特定的历史条件下，而关于这一点阿尔都塞只是作为生产方式的共同特征来论述，“我强调资本主义特定生产方式下的政治和经济的分离，而阿尔都塞只是从本质上去理解它”[①]，这就意味着普兰查斯对国家相对自主性的分析旨在资本主义生产方式下探讨。

尽管“自主性”这个词并没有被马克思和恩格斯所使用[②]，但是普兰查斯从他们关于国家的相对独立性的论述里得到了概念的启发。一方面，马克思和恩格斯对国家的相对独立性的阐释表现了上层建筑对经济基础的一种反作用，“经济运动会为自己开辟道路，但是它也必定要经受它自己所确立的并具有相对独立性的政治运动的反作用，即国家权力的以及和它同时产生的反对派的运动的反作用”[③]。除了相对于社会的独立性，作为上层建筑的国家还具有实现政治统治和社会管理的职能，而这些是对经济基础具有能动的反作用。因此，阿尔都塞在这个意义上认为，马克思在告诉人们经济起决定作用的同时也指出了上层建筑具有相对自主性。另一方面，马克思和恩格斯在研究资本主义国家的相对独立性问题时还探讨了“例外情形”下的国家相对独立性，即对法国的波拿巴主义以及德国的俾斯麦主义的分析，这种例外情况实质上是因为斗争中的各个阶级在力量上处于“均势”，而普兰查斯正是从这种特殊的“例外”情形中获得了启发。

（二）例外时期的国家相对独立性

马克思和恩格斯不仅从国家与和社会的关系层面上研究了国家的相对独立性，而且他们还从阶级力量的均势出发分析了作为例外情形的国家相对独立性状况，其中关于法国的波拿巴主义和德国的俾斯

① Nicos Poulantzas, "The Capitalist State: Reply to Miliband and Laclau", *New Left Review*, Vol.96, No.1, 1976, pp.63-83.

② 阿尔都塞和普兰查斯用的是“自主性”(autonomy)，而马克思和恩格斯用的则是“独立性”(independence)这个词，用以表述国家相对于阶级的外在关系。

③ 《马克思恩格斯选集》第4卷，人民出版社2012年版，第609～610页。

麦主义国家的探讨为普兰查斯的“相对自主性”概念提供了思想资源。

1.波拿巴主义国家的相对独立性

马克思分析了法国波拿巴主义国家的相对独立性，这主要体现在《路易·波拿巴的雾月十八日》和《法兰西内战》两部著作中。他首先分析了波拿巴能够当选总统的缘由。在马克思看来，波拿巴能够当选总统主要是受到农民阶级、军队、大资产阶级、无产阶级以及小资产阶级的支持。然而，他并不代表各个阶级的利益，他代表的只是流氓无产阶级的利益，“他只有在这些流氓无产者身上才能大量地重新找到他本人所追求的利益，他把这些由所有各个阶级中淘汰出来的渣滓、残屑和糟粕看做他自己绝对能够依靠的唯一的阶级”[①]，这种流氓无产阶级的国家似乎独立于各个阶级之上，但在马克思看来，这种国家权力还代表了法国社会人数最多的小农阶级，而小农的政治影响表现为行政权支配社会。

马克思认为，波拿巴主义所表现的国家形式是行政国家，这与议会制共和国的区别在于，国民放弃了自己的意志，服从于权威和他人意志的指挥，它所表现的不是国民自治而是受人统治，到了第二个波拿巴统治政权阶段，国家才具有了独立的性质。也就是说，波拿巴这个政权在马克思看来，它的阶级实质一方面作为一种已经成为独立力量的行政权自命为保障“资产阶级秩序”的使命，尤其是维护资产阶级里中间阶级的利益；另一方面又认为自身的政权并非属于资产阶级，而是农民和人民的政权。马克思认为，这种相互矛盾的结果，只是作为资产阶级已失去国家统治的能力、无产阶级尚未具备统治管理的一种可能形式。波拿巴主义国家是对资产阶级议会统治的颠覆，使得本来应当作为统治阶级工具的国家似乎成为完全独立的东西。“它不再是一个从属于议会内阁或立法议会的阶级统治工具。国家政权的最后、最高的表现就是第二帝国：它甚至于践踏统治阶级的利益。”[②]马克

① 《马克思恩格斯选集》第1卷，人民出版社2012年版，第719～720页。

② 《马克思恩格斯选集》第3卷，人民出版社2012年版，第137页。

思强调了波拿巴政权这种似乎凌驾于一切阶级之上的完全独立性。

然而我们应该看到，这其实只是一种形式上的描述，与马克思的阶级观并不矛盾。因为在马克思看来，波拿巴主义国家依然具备资产阶级统治的性质。一方面，波拿巴主义的政治权力尽管在形式上经过了选举投票，但值得注意的是，这些投票者并不是由革命的农民构成，而是一些他们并不想放弃现有的小块土地而是想巩固条件增加利益的保守的农民，因此并不能代表真实的社会阶级；另一方面，波拿巴清楚自己的政治权力的经济基础在资产阶级，马克思认为二者在经济利益上是相同的，"法国资产阶级的物质利益恰恰是和保持这个庞大而分布很广的国家机器最紧密地交织在一起的。它在这里安插自己的多余的人口，并且以国家薪俸形式来补充它用利润、利息、地租和酬金形式所不能获得的东西"①。这就意味着，波拿巴主义国家是为资产阶级服务，同时资产阶级也利用这个国家机器从中获取利益。因此，马克思说波拿巴主义的国家正是资产阶级创造的，它并没有帮助所有阶级，而是只利于那些有产阶级而已。

此外，按照马克思的观点，波拿巴主义国家之所以能够建立，主要原因在于无产阶级和资产阶级的势均力衡。正是因为这种"均势"，使其具有了凌驾于各个阶级之上的独立权力。也就是说，波拿巴并没有取消阶级斗争，他只是利用党派之间的敌对关系使其精疲力尽，在一定的范围内限制阶级斗争防止局势升级，造成彼此之间势力均衡无法形成真正的革命力量。所以马克思认为，波拿巴主义国家是一种阶级斗争力量上的均势，只能作为"例外情形"，并不具有普遍意义。

2.德国俾斯麦主义国家的相对独立性

恩格斯在《论住宅问题》中对德国俾斯麦主义国家的相对独立性进行了分析。德国除了旧专制君主制的基本条件，也就是土地贵族和资产阶级的势力是均衡的情况之外，无产阶级的力量日益壮大近乎与资产阶级持平，"在普鲁士——而普鲁士现在起着决定性的作用——

① 《马克思恩格斯选集》第1卷，人民出版社2012年版，第708页。

同仍然强有力的大地主贵族相并存的，还有一个比较年轻和极其胆怯的资产阶级，它至今既没有像在法国那样争得直接的政权，也没有像在英国那样争得或多或少间接的政权。但是，跟这两个阶级并存的，还有一个人数迅速增加、智力十分发达、一天比一天更加组织起来的无产阶级”[①]。这就形成了波拿巴主义一样的均势条件，这种均势导致出现了独立于社会之上的国家政权，俾斯麦利用资产阶级遏制无产阶级，并对封建容克利益给予关照，在政策和经济问题上，愈发受到资产阶级影响。显然，面对资产阶级日益的腐蚀，这样一个非资产阶级国家恐怕无法真正有效地解决现实的社会矛盾。在恩格斯看来，俾斯麦主义不过是旧专制君主制与波拿巴主义的结合，国家的政治权力实际上被官吏掌握在特殊阶级手里，因此产生了国家独立于社会的假象。

马克思也认为俾斯麦国家应该划入波拿巴主义国家类型中，尽管德国没有发生像法国大革命那样的激进运动，加上面临反封建的任务，使得阶级形势更为严峻复杂，但是俾斯麦国家具有“既是旧专制君主制的现今的解体形式，也是波拿巴主义君主制的存在形式”的特征，这一点和波拿巴主义国家的均势特征相同，因此也可以看成是波拿巴主义国家类型。

3.马克思恩格斯对“例外情形”国家相对独立性的总结

针对波拿巴主义国家的独立性，马克思用“拿破仑观念”进行了总结：“拿破仑观念”首先是让法国封建农民拥有小块土地，其次是强力不受约束的政府，然后是利用教士作为政府统治的工具，最后是利用军队所具有的优势地位。一方面，马克思认为波拿巴主义国家的独立性是一种假象，“一切‘拿破仑观念’都是不发达的、朝气蓬勃的小块土地所产生的观念；对于已经衰老的小块土地说来，这些观念是荒谬的，它们只是它垂死挣扎时的幻觉，只是变成了空话的词句，只是变成了幽灵的魂魄”[②]。另一方面，马克思也认为波拿巴主义解放了民众的

---

① 《马克思恩格斯选集》第3卷，人民出版社2012年版，第240页。

② 《马克思恩格斯选集》第1卷，人民出版社2012年版，第768～769页。

传统束缚，表现了国家权力与社会的对立，这对当时的法国是必要的。马克思还预测了波拿巴主义国家因为小块土地所有制日益解体而最终坍塌的未来命运。

恩格斯在俾斯麦事变后曾写信给马克思说："波拿巴主义毕竟是现代资产阶级的真正的宗教。"①他认为，波拿巴主义的半专政形式较为容易发生在没有寡头政治替代资产阶级统治与管理社会的国家，它的存在本身带有双重矛盾，它既不会让资产阶级亲自参与管理统治，有时甚至会背离资产阶级的意愿，但与此同时，这种形式又得把资产阶级利益视为自身的利益。事实上，恩格斯虽然看到了波拿巴主义的这种普遍性，但认为这只是在一定历史阶段中所发生的跨越地理区间的资本主义政治现象，并不是真正意义上的普遍性，实质上是坚持了从"均势"条件看待国家独立性，这种情况在马克思恩格斯看来会很快被打破，因为随着无产阶级斗争的持续和进行，"马克思恩格斯希望这种仲裁人国家模型成为资本主义制度下的一种并不典型的政权模式，然后很快成为历史演进的突破口，使决定性力量转移到无产阶级这边"②。

总而言之，马克思恩格斯将波拿巴主义国家的相对独立性作为一种暂时性的、具有过渡性质的例外情形进行研究，他们把均势作为波拿巴主义国家独立于统治阶级的条件，并认为会被很快突破。他们认为，国家权力并非从真空中构建和获得，现实的社会才是国家的基本要素，国家归根结底要受社会条件的限制，所以国家的相对独立性只是相对而言的。然而马克思和恩格斯在分析这些情况时所体现出的思想却为普兰查斯提供了理论资源，比如政治权力和经济权力错位，资产阶级无法独占统治，这些现象让普兰查斯将这种特殊的国家的独立性转化为资本主义国家的相对自主性。

---

① 《马克思恩格斯全集》第 31 卷，人民出版社 1972 年版，第 208 页。

② ［英］帕特里克·邓利维等：《国家理论：自由民主的政治学》，欧阳景根等译，浙江人民出版社 2007 年版，第 145 页。

(三)从例外的独立性到普遍的自主性

在普兰查斯看来,马克思和恩格斯关于国家相对独立性的分析是以国家与社会的对立为基础进行的,他们把波拿巴主义国家的相对独立性看作是一种特殊和例外的情形,即把波拿巴主义的基本条件归因于阶级势力的均衡,并认为这种条件是暂时性的。对此,普兰查斯运用了结构主义的方法将马克思和恩格斯的特殊"均势"条件的独立性转换为资本主义国家类型的普遍自主性,他从资本主义生产方式的角度为国家相对自主性寻求结构主义的出处。

普兰查斯认为,国家与社会的对立之处是由于阶级斗争的范围内资本主义生产方式各个环节自主而产生的。"国家与社会之间的对抗,意味着政治对经济的分别自主的错位,意味着国家对'分离的'经济方面的阶级斗争的错位。"[①]也就是说,国家与社会的对立是国家在政治上对占统治地位的阶级的自主,国家在与这些阶级的相对自主基础上产生与阶级之间的政治关系,而与这些阶级的经济利益没有直接联系,因为在国家制度中各阶级的生产者是作为人民体现的。资本主义的结构性特征就是劳动者和劳动资料的分离,这种分离对于政治和经济关系而言,产生了重大的影响。在前资本主义社会中,劳动者和劳动资料直接结合在一起,剩余价值的榨取采取的是一种超经济的强制,政治和经济紧密地结合在一起,须臾也不能分离;而在资本主义条件下,剩余劳动的新的榨取方式要求打碎人身依附以及严格的政治控制,政治可以在形式上和经济社会相疏离,这就赋予了国家的政治、法律、上层建筑以相对生产关系的一种特殊自主性,普兰查斯是从结构主义的角度上理解马克思恩格斯所说的资产阶级出现政治权力与社会权力的错位关系。

普兰查斯认为,马克思和恩格斯国家学说中关于国家自主性问题

---

① [希腊]尼科斯·波朗查斯:《政治权力与社会阶级》,叶林等译,中国社会科学出版社 1982 年版,第 318 页。

并不总是很明确，尤其在“分析历史现实时，明确地提到一些概念，但是他们的解释不够清楚”①。因此，普兰查斯首先对波拿巴主义进行了进一步的阐释，他区分了波拿巴主义一种是具体的形式、另一种是资本主义国家的制度化特征。作为具体形式和现实事件的波拿巴主义是对具体的政治现象的分析，而后者则是指国家相对于统治阶级的自主性。马克思和恩格斯通过运用阶级斗争的“均势”来解释波拿巴主义国家的相对独立，而这种解释无法分析资本主义国家类型的组织上特征的自主性。普兰查斯认为，恩格斯在波拿巴事件后称其为“现代资产阶级的宗教”，加上《路易·波拿巴的雾月十八日》第三版序言中称波拿巴主义为“现代阶级斗争的一种总的政治形式”的说法，表明波拿巴主义不仅是一种具体形式，还是一种制度上的特征。“这种具体形式是属于资本主义国家类型的——这种国家提供了其作为概念的制度上的特点的这种相对自主性。”②所以，对于马克思和恩格斯的这种理解要从波拿巴主义的本质特征上分析，而不能停留在现象描述的层面。

在俾斯麦主义问题上，普兰查斯认为俾斯麦主义是普鲁士从封建主义生产方式转向资本主义生产方式的过渡时期的一种特殊的国家自主，他反对以均势的观点看待这种自主性，“国家结构的自主性允许以巩固正在兴起的资产阶级经济统治，并以把它抬高到政治统治的方式，来完成从封建主义到资本主义的过渡，以反对封建阶级的政治统治”③。这样一来，普鲁士国家才有了针对封建阶级政治统治的一种自主性，而这种自主性不能贬低为在土地贵族与资产阶级之间的一种力量平衡。这里普兰查斯运用了结构主义的方法，强调从结构内部出发来分析俾斯麦主义，即看到这种特殊的社会形态中的生产方式错综复

① ［希腊］尼科斯·波朗查斯：《政治权力与社会阶级》，叶林等译，中国社会科学出版社 1982 年版，第 287 页。

② ［希腊］尼科斯·波朗查斯：《政治权力与社会阶级》，叶林等译，中国社会科学出版社 1982 年版，第 292 页。

③ ［希腊］尼科斯·波朗查斯：《政治权力与社会阶级》，叶林等译，中国社会科学出版社 1982 年版，第 304 页。

杂而产生的各环节之间的关系。

总而言之，普兰查斯对于马克思恩格斯对波拿巴主义的均势条件说加以改造，认为从具体条件上来分析国家相对自主性不是本源性的追溯，而国家相对自主性归根结底在于资本主义生产方式的特殊结构。也就是说，国家相对自主性是与这种资本主义生产方式相联系的，满足"劳动者和劳动资料分离"条件的国家都会具有国家相对自主性，这样一来，普兰查斯就把马克思和恩格斯对国家独立性作为例外情形转化成国家自主性作为资本主义国家类型所具有的普遍特性。当然，他的观点是与其结构主义的研究方法分不开的，在马克思的学说里波拿巴主义并不具备制度性特征，而是将它仅仅作为例外的均势情况，是无产阶级尚未掌权而资产阶级已无力掌权的特殊时期的现象，普兰查斯没有否认这个特殊存在，但更着重于认为这是马克思的理论而不是历史现象。"这是由于方法论上的不同造成的，他的结构主义方法总会抛开具体的、历史的现象从而发现制度化的理论与结构。"①或许普兰查斯对经典文本某种程度上作了过度解读，然而却提供给我们一个值得思考的视角。正如他本人所说的那样，只有依靠关于资本主义国家的一些概念，我们才能理解马克思在一种"集中的"形式中分析过的那些历史转变过程，我们绝不可忘记这些分析的、片段的、图解式的性质，因为这能给我们提供理论方面的指引。

（该文发表于《马克思主义哲学论丛》2018 年第 3 期，有修改）

---

① Ralph Miliband,"The Capitalist State: Reply to Nicos Poulantzas", *New Left Review*, Vol.59, No.1, 1970, pp.53-60.

主要参考文献

一、中文文献

(一)著作

1.《马克思恩格斯选集》第1～4卷,人民出版社2012年版。

2.《马克思恩格斯全集》第1、3、5、8、23、30、31卷,人民出版社1995年版。

3.《马克思恩格斯文集》第10卷,人民出版社2009年版。

4.马克思:《资本论》第3卷,人民出版社2004年版。

5.《列宁选集》第3、4卷,人民出版社1995年版。

6.《毛泽东选集》第1卷,人民出版社1991年版。

7.[希腊]尼科斯·波朗查斯:《政治权力与社会阶级》,叶林等译,中国社会科学出版社1982年版。

8.[意]尼科洛·马基雅维利:《君主论》,潘汉典译,商务印书馆1997年版。

9.[古希腊]亚里士多德:《政治学》,颜一、秦典华译,中国人民大学出版社2003年版。

10.[英]约翰·洛克:《政府论》,瞿菊农、叶启芳译,商务印书馆

1996年版。

11.[英]托马斯·霍布斯:《利维坦》,黎思复、黎迁弼译,商务印书馆1995年版。

12.[法]让-雅克·卢梭:《社会契约论》,何兆武译,商务印书馆2001年版。

13.[意]安东尼奥·葛兰西:《狱中札记》,葆煦译,人民出版社1983年版。

14.[意]安东尼奥·葛兰西:《实践哲学》,徐崇温译,重庆出版社1990年版。

15.[意]安东尼奥·葛兰西:《葛兰西文选(1916～1935)》,中央编译局编译,人民出版社1992年版。

16.[意]安东尼奥·葛兰西:《现代君主论》,陈越译,上海人民出版社2006年版。

17.[匈]格奥尔格·卢卡奇:《历史与阶级意识》,杜章智等译,商务印书馆1996年版。

18.[德]卡尔·柯尔施:《马克思主义和哲学》,王南湜译,重庆出版社1993年版。

19.[俄]列夫·托洛茨基:《不断革命论》,中央编译局编译,三联书店1966年版。

20.[德]罗莎·卢森堡:《资本积累论》,彭尘舜、吴纪先译,三联书店1959年版。

21.[德]罗莎·卢森堡:《论俄国革命·书信集》,殷叙彝、傅惟慈等译,贵州人民出版社2001年版。

22.[德]伯恩斯坦:《伯恩斯坦言论》,中央编译局编译,三联书店1966年版。

23.[奥]鲁道夫·希法亭:《金融资本——资本主义最新发展的研究》,福民等译,商务印书馆1997年版。

24.[美]保罗·斯威齐:《资本主义发展论》,陈观烈等译,商务印书馆 2000 年版。

25.[法]让-保罗·萨特:《辩证理性批判》,林骧华等译,安徽文艺出版社 1998 年版。

26.[法]亨利·列斐伏尔:《论国家》,李青宜译,重庆出版社 1993 年版。

27.[法]亨利·列斐伏尔:《马克思的社会学》,谢永康译,北京师范大学出版社 2013 年版。

28.[法]路易·阿尔都塞:《保卫马克思》,顾良译,商务印书馆 1984 年版。

29.[法]路易·阿尔都塞等:《读〈资本论〉》,李其庆、冯文光译,中央编译出版社 2001 年版。

30.[法]路易·阿尔都塞:《哲学与政治:阿尔都塞读本》,陈越编译,吉林人民出版社 2003 年版。

31.[法]路易·阿尔都塞:《列宁和哲学》,杜章智译,商务印书馆 2006 年版。

32.[法]列维·斯特劳斯:《野性思维》,李幼蒸译,商务印书馆 1987 年版。

33.[法]列维·斯特劳斯:《忧郁的热带》,王志明译,三联书店 2005 年版。

34.[法]米歇尔·福柯:《权力的眼睛》,严锋译,上海人民出版社 1997 年版。

35.[法]米歇尔·福柯:《词与物——人文科学考古学》,莫伟民译,上海三联书店 2001 年版。

36.[法]米歇尔·福柯:《性经验史》,佘碧平译,上海人民出版社 2002 年版。

37.[法]米歇尔·福柯:《规训与惩罚》,刘北城等译,三联书店 2003 年版。

38.[美]艾莉森·布朗:《福柯》,聂保平译,中华书局 2002 年版。

39.[法]吉尔·德勒兹:《德勒兹论福柯》,杨凯麟译,江苏教育出版社2006年版。

40.[英]莱姆克等:《马克思与福柯》,陈元等译,华东师范大学出版社2007年版。

41.[英]佩里·安德森:《西方马克思主义探讨》,高铦等译,人民出版社1981年版。

42.[英]佩里·安德森:《绝对主义国家的系谱》,刘北成等译,上海人民出版社2001年版。

43.[英]佩里·安德森:《从古代主义到封建主义的过渡》,郭方、刘健译,上海人民出版社2001年版。

44.[英]拉尔夫·密利本德:《马克思主义与政治学》,黄子都译,商务印书馆1984年版。

45.[英]拉尔夫·密利本德:《英国资本主义民主制》,博铨、向东译,商务印书馆1988年版。

46.[英]拉尔夫·密里本德:《资本主义社会的国家》,沈汉等译,商务印书馆1997年版。

47.[美]道格拉斯·诺斯等:《西方世界的兴起》,厉以平、蔡磊译,华夏出版社1999年版。

48.[美]道格拉斯·诺斯:《经济史上的结构和变革》,厉以平译,商务印书馆2005年版。

49.[美]西达·斯考切波:《国家与社会革命——对法国、俄国和中国的比较分析》,何俊志、王学东译,上海人民出版社2007年版。

50.[英]恩斯特·拉克劳、查特尔·墨菲:《领导权与社会主义的策略》,尹树广等译,黑龙江人民出版社2003年版。

51.[英]查特尔·墨菲:《政治的回归》,王恒等译,江苏人民出版社2008年版。

52.[美]戴维·麦克莱兰:《马克思以后的马克思主义》,林春,徐贤珍等译,东方出版社1986年版。

53.[英]杰拉德·柯亨:《卡尔·马克思的历史理论:一个辩护》,岳长龄译,重庆出版社 1989 年版。

54.[德]欧内斯特·曼德尔:《晚期资本主义》,马青文译,黑龙江人民出版社 1983 年版。

55.[美]萨缪尔·亨廷顿:《变化社会中的政治秩序》,王冠华等译,三联书店 1998 年版。

56.[加拿大]艾伦·伍德:《民主反对资本主义》,吕薇洲等译,重庆出版社 2007 年版。

57.[加拿大]艾伦·伍德:《新社会主义》,尚庆飞译,江苏人民出版社 2008 年版。

58.[斯洛文尼亚]斯拉沃热·齐泽克等:《图绘意识形态》,南京大学出版社 2006 年版。

59.[美]弗雷德里克·詹姆逊:《晚期资本主义的文化逻辑》,陈清桥等译,三联书店 1997 年版。

60.[美]弗雷德里克·詹姆逊:《政治无意识》,王逢振等译,中国社会科学出版社 2011 年版。

61.[美]爱德华·苏贾:《后现代地理学》,周宪等译,商务印书馆 2007 年版。

62.[美]丹尼尔·贝尔:《后工业社会的来临——对社会预测的一项探索》,高铦等译,商务印书馆 1986 年版。

63.[美]丹尼尔·贝尔:《资本主义文化矛盾》,赵一凡等译,三联书店 1989 年版。

64.[法]弗朗索瓦·多斯:《从结构到解构——法国 20 世纪思想主潮》,季广茂译,中央编译出版社 2004 年版。

65.[法]拉康·雅克:《拉康选集》,褚孝泉译,上海三联书店 2001 年版。

66.[美]约瑟夫·熊彼特:《资本主义、社会主义与民主》,吴良健译,商务印书馆 2004 年版。

67.[德]马克思·韦伯:《新教伦理与资本主义精神》,于晓等译,陕西师范大学出版社2006年版。

68.[美]赖特·米尔斯:《白领——美国的中产阶级》,杨晓东等译,浙江人民出版社1987年版。

69.[美]赖特·米尔斯:《权力精英》,王昆、许荣译,南京大学出版社2004年版。

70.[美]埃里克·奥林·赖特:《后工业社会中的阶级——阶级分析的比较研究》,陈心想译,辽宁教育出版社2004年版。

71.[英]戴维·李、布莱恩·特纳:《关于阶级的冲突——晚期工业主义不平等之辩论》,姜辉译,重庆出版社2005年版。

72.[美]西德尼·塔罗:《运动中的力量——社会运动与斗争政治》,吴庆宏译,译林出版社2005年版。

73.[法]雷蒙·阿隆:《阶级斗争——工业社会新讲》,周以光译,译林出版社2003年版。

74.[美]丹尼斯·朗:《权力论》,陆震纶、郑明哲译,中国社会科学出版社2001年版。

75.[德]尤尔根·哈贝马斯:《作为"意识形态"的技术与科学》,李黎、郭官义译,学林出版社1999年版。

76.[德]尤尔根·哈贝马斯:《公共领域的结构转型》,曹卫东等译,学林出版社1999年版。

77.[德]尤尔根·哈贝马斯:《现代性的哲学话语》,曹卫东等译,译林出版社2004年版。

78.[奥]凯尔森:《法与国家的一般理论》,沈宗灵译,中国大百科全书出版社1996年版。

79.[德]亨利希·库诺:《马克思的历史、社会和国家学说》,袁志英译,上海人民出版社2006年版。

80.[美]戴维·哈维:《后现代的状况——对文化变迁之缘起的探究》,阎嘉译,商务印书馆2003年版。

81.[美]本尼迪克特·安德森:《想象的共同体——民族主义的起源与散布》,吴叡人译,上海人民出版社2003年版。

82.[英]埃里克·霍布斯鲍姆:《民族与民族主义》,李金梅译,上海人民出版社2006年版。

83.[英]安东尼·史密斯:《民族主义:理论、意识形态、历史》,叶江译,上海人民出版社2006年版。

84.[英]梅格纳德·德赛:《马克思的复仇》,汪澄清译,中国人民大学出版社2006年版。

85.[美]约翰·罗默:《社会主义的未来》,余文烈等译,重庆出版社1997年版。

86.[美]沃伦·布雷克曼:《废黜自我——马克思、青年黑格尔派及激进社会理论的起源》,李佃来译,北京师范大学出版社2013年版。

87.袁贵仁、杨耕主编:《当代学者视野中的马克思主义哲学:中国学者卷》,北京师范大学出版社2012年版。

88.杨耕:《"危机"中的重建——历史唯物主义的现代阐释》,中国人民大学出版社2011年版。

89.杨耕:《为马克思辩护——对马克思主义哲学的一种新解读》,北京师范大学出版社2013年版。

90.吴向东:《重构现代性》,北京师范大学出版社2009年版。

91.周凡:《后马克思主义导论》,中央编译出版社2010年版。

92.鲁克俭:《国外马克思主义研究的热点问题》,中央编译出版社2006年版。

93.徐崇温:《西方马克思主义》,天津人民出版社1982年版。

94.徐崇温:《结构主义与后结构主义》,辽宁人民出版社1986年版。

95.徐崇温:《西方马克思主义论丛》,重庆出版社1989年版。

96.陈学明:《西方马克思主义前沿问题二十讲》,复旦大学出版社2008年版。

97.李青宜:《西方马克思主义的当代资本主义理论》,重庆出版社1990年版。

98.李青宜:《当代法国"新马克思主义"》,当代中国出版社1997年版。

99.张一兵、胡大平编著:《西方马克思主义哲学的历史逻辑》,南京大学出版社2003年版。

100.张一兵主编:《当代国外马克思主义哲学思潮》,江苏人民出版社2012年版。

101.陈振明等:《西方马克思主义的社会政治理论》,中国人民大学出版社1997年版。

102.孔明安等:《当代国外马克思主义新思潮研究》,中央编译出版社2012年版。

103.万斌、郁建兴:《马克思主义政治理论与实践》,浙江人民出版社2002年版。

104.俞可平:《政治与政治学》,社会科学文献出版社2003年版。

105.周穗明等:《20世纪西方新马克思主义发展史》,学习出版社2004年版。

106.袁久红编:《西方马克思主义的政治哲学》,东南大学出版社2004年版。

107.刘力永:《普兰查斯思想研究》,中国文史出版社2009年版。

108.江红义:《国家自主性的理论与逻辑》,知识产权出版社2011年版。

109.肖扬东:《马克思主义国家理论的新进展:杰索普"策略关系"国家理论研究》,上海人民出版社2012年版。

110.何子英:《杰索普国家理论研究》,浙江大学出版社2010年版。

111.尹树广:《国家批判理论——意识形态批判理论、工具论、结构主义和生活世界理论》,黑龙江人民出版社2002年版。

112.时和兴:《关系、限度、制度:政治发展过程中的国家与社会》,北京大学出版社 1996 年版。

113.洪镰德编:《西方马克思主义论战集》,(台北)森大图书有限公司 1993 年版。

（二）期刊论文

1.俞吾金:《普兰查斯政治哲学观念片论》,载《中共宁波市委党校学报》2002 年第 5 期。

2.俞吾金:《普兰查斯的结构主义国家权力学》,载《中共宁波市委党校学报》2002 年第 11 期。

3.杨耕:《马克思哲学与后现代主义》,载《哲学研究》1998 年第 9 期。

4.杨耕:《马克思主义哲学与后现代主义在当代的相遇》,载《学术界》2000 年第 4 期。

5.杨耕:《后现代主义与现代主义、马克思主义关系的再思考》,载《文史哲》2003 年第 4 期。

6.杨耕:《后马克思主义:历史语境与多重逻辑》,载《哲学研究》2009 年第 9 期。

7.周凡:《重读葛兰西的霸权理论》,载《马克思主义与现实》2005 年第 5 期。

8.李青宜:《普兰查斯"结构主义"国家理论及其政治战略评析》,载《国外社会科学》1994 年第 3 期。

9.南丽军、尹树广:《雅索普的资本主义国家理论》,载《马克思主义与现实》2005 年第 2 期。

10.郁建兴:《马克思主义政治理论:是否可能与何以可能》,载《哲学研究》2000 年第 10 期。

11.陈炳辉:《试析"国家相对的自主性"》,载《理论学习月刊》1994 年第 3、4 期。

12.刘俊杰:《简论普兰查斯的结构主义国家权力学》,载《东北师范大学学报(哲学社会科学版)》1988年第6期。

13.刘力永:《民族、时间、空间与资本主义国家:以普兰查斯为中心》,载《常熟理工学院学报(哲学社会科学版)》2008年第3期。

14.刘力永:《普兰查斯和密里本德之争的历史真相及其价值》,载《社会科学辑刊》2010年第5期。

15.肖扬东:《普兰查斯国家理论述评》,载《社会科学辑刊》2009年第2期。

16.肖扬东:《普兰查斯意识形态理论简论》,载《北方论丛》2009年第3期。

17.姜霁青:《普兰查斯"多元决定"视角下的新"小资产阶级"论批判》,载《湖北社会科学》2014年第2期。

18.姜霁青:《不该忽略的"边缘"——普兰查斯"新小资产阶级"论其当代启示探微》,载《天府新论》2014年第5期。

19.金瑶梅等:《论普兰查斯对阿尔都塞思想的继承与批判》,载《晋阳学刊》2010年第1期。

20.杨东:《论葛兰西与新葛兰西主义的国家理论》,载《社会科学辑刊》2006年第6期。

21.杨东:《阿尔都塞与普兰查斯意识形态理论比较研究》,载《东南大学学报(哲学社会科学版)》2008年第S1期。

22.陈晓明、李刚:《普兰查斯"多元决定论"的阶级观评析》,载《福建学刊》1993年第5期。

23.孙民:《论"意识形态领导权"理论的原生逻辑与次生逻辑——葛兰西与阿尔都塞、普兰查斯的传承关系研究》,载《甘肃社会科学》2012年第6期。

24.范春燕:《"国家相对自主性"含义辨析》,载《理论探索》2007年第1期。

25.范春燕:《国家相对自主性理论视野中的资本主义国家与社会

之关系》,载《学术论坛》2009 年第 9 期。

26.毕晓春:《走近波朗查斯——波朗查斯阶级观微探》,载《黑龙江史志》2014 年第 15 期。

27.江红义:《试论波朗查斯的结构主义国家理论》,载《海南大学学报(人文社会科学版)》2011 年第 2 期。

28.[英]鲍伯·杰索普:《国家理论的新进展:各种探讨、争论点和议程》,艾彦译,载《世界哲学》2004 年第 4 期、2005 年第 1 期。

29.[法]路易·阿尔都塞:《意识形态和意识形态国家机器》,李迅译,载《当代电影》1987 年第 2、3 期。

二、外文文献

(一)著作

1.Nicos Poulantzas, *Political Power and Social Classes*, tran. Timothy O'Hagan, London: New Left Books, 1973.

2.Nicos Poulantzas, *Fascism and Dictatorship*, tran. Judith White, London: New Left Books, 1974.

3.Nicos Poulantzas, *Classes in Contemporary Capitalism*, tran. David Fernbach, London: New Left Books, 1975.

4.Nicos Poulantzas, *The Crisis of the Dictatorships* (2nd ed.), tran. David Fernbach, London: New Left Books, 1976.

5.Nicos Poulantzas, *State*, *Power*, *Socialism*, tran. Patrick Camiller, London: Verso, 1980.

6.Ernsto Laclau, *Politics and Ideology in Marxist Theory*, London: Verso, 1979.

7.Ernsto Laclau and Chantal Mouffe, *Hegemony and Socialist Strategy*: *Towards a Radical Democratic Politics* (2nd ed.), London: Verso, 2001.

8.Ralph Miliband, *The State in Capitalist Society*, London:

Quarter Books, 1969.

9.Ralph Miliband, *Marxism and Politics*, Oxford: Oxford University Press, 1977.

10.Ralph Miliband, *Class Power and State Power*, London: Verso, 1983.

11.Bob Jessop, *The Capitalist State: Marxist Theories and Methods*, Oxford: Martin Robertson, 1982.

12.Bob Jessop, *Nicos Poulantzas: Marxist Theory and Political Strategy*, Basingstoke: Macmillan, 1985.

13.Bob Jessop, *State Theory: Putting the Capitalist States in their Place*, Cambridge: Polity Press, 1990.

14.Bob Jessop, *The Future of the Capitalist State*, Cambridge: Polity Press, 2002.

15.Jon Elster, *Making Sense of Marx*, Cambridge: Cambridge University Press, 1985.

16.John Holloway and Sol Picciotto (eds.), *State and Capital: A Marxist Debate*, Austin: University of Texas Press, 1979.

17.Martin Carnoy, *The State and Political Theory*, Princeton: Princeton University Press, 1984.

18.Richard Miller, *Analyzing Marx: Morality, Power, and History*, Princeton: Princeton University Press, 1984.

19.Evgeny Pashukanis, *The General Theory of Law & Marxism*, New Jersey: Transaction Publishers, 2002.

20.Shlomo Avineri, *The Social and Political Thought of Karl Marx*, Cambridge: Cambridge University Press, 1968.

21.Clyde W. Barrow, *Critical Theories of the State*, Madison: University of Wisconsin Press, 1993.

22.Alex Callinicos, *Is There A Future for Marxism?* Basingstoke: Macmillan, 1982.

23. Arthur Hirsh, *The French New Left: An Intellectual History From Satre to Gorz*, Boston: South End Press, 1981.

24.Henri Lefebvre, *The Survival of Capitalism: Reproduction of the Relations of Production*, tran. Frank Bryant, London: Allison & Busby, 1976.

25. George Lichtheim, *From Marx to Hegel*, New York: Seabury Press, 1974.

26.James O'Connor, *The Fiscal Crisis of the State*, New York: St. Martin's Press, 1973.

27. Warren Breckman, *Marx, the Young Hegelians, and the Origins of Radical Social Theory: Dethroning the Self*, New York: Cambridge University Press , 1999.

28.Warren Breckman, *Adventures of the Symbolic: Post-Marxism and Radical Democracy*, New York:Columbia University Press, 2013.

29.Warren Breckman et al.(eds.), *The Modernist Imagination: Intellectual History and Critical Theory*, New York: Berghahn Books ,2011.

(二)论文

1.Nicos Poulantzas, "Marxist Political Theory in Great Britain", *New Left Review*, Vol.43, 1967,pp.57-74.

2.Nicos Poulantzas, "The Problem of the Capitalist State", *New Left Review*, Vol.58,No.1,1969,pp.67-78.

3. Nicos Poulantzas, " Social Classes ", *New Left Review*, Vol.78,No.1,1972,pp.10-35.

4.Nicos Poulantzas, "The Capitalist State:Reply to Miliband and Laclau", *New Left Review*,Vol.96,No.1,1976,pp.63-83,

5.Nicos Poulantzas, "Towards a Democratic Socialism (Postscript of SPS)", *New Left Review*, Vol.109, No.1,1978,pp. 75-87.

6.Stuart Hall, "Nicos Poulantzas: State, Power, Socialism", *New Left Review*, Vol.119, No.1,1980,pp.60-69.

7.Ralph Miliband, "The Capitalist State:Reply to Poulantzas", *New Left Reviews*,Vol.59, No.1,1970,pp.53-60.

8.Ralph Miliband, "Poulantzas and the Capitalist State", *New Left Review*, Vol.82,No.1,1973, pp. 83-92.

9.Adam Przeworski, "Social Democracy as a Historical Phenomenon", *New Left Review*, Vol.122, 1980,pp.27-58.

10.Anson G. Rabinbach, "Poulantzas and the Problem of Fascism",*New German Critique*, No.8, Spring 1976,pp.157-170.

11.Mark Philp, "Foucault on Power: A Problem in Radical Translation",*Political Theory*, Vol.11, No.1, 1983,pp.29-52.

12.Gorge Ross, "Marxism and the New Middle Classes: French Critiques",*Theory and Society*, Vol.5, No.2, 1978,pp.163-190.

13.Gorge Ross, "Destroyed by the Dialectic: Politics, the Decline of Marxism, and the New Middle Strta in France", *Theory and Society*, Vol.16, No.1, 1987,pp.7-38.

14.Piers Beirne, "Marxism and the Sociology of Law: Theory or Practice",*British Journal of Law and Society*, Vol.2, No.1, 1975, pp.78-81.

15.Alan Sinfield, "Power and Ideology: An Outline Theory and Sidney's Arcadia",*ELH*, Vol.52, No.2, 1985, pp.259-277.

16.Peter Kennedy, "Marxism and the Relative Autonomy of the Capitalist State",*Critique*, Vol.34, No.2, 2006.

17.Erik Wright, "Reading Guide to 'Political Power and Social Classes' by Nicos Poulantzas",http://www.ssc.wisc.edu/~wright/Soc924-2011/924-2011-book-project/PoulantzasGuide.pdf.

后　记

三年前的盛夏，我通过了以“普兰查斯的权力思想”为主题的博士论文答辩，由此结束了在哲学道路上长达十余年的学生生涯。毕业后我来到大连理工大学马克思主义学院马克思主义基本原理研究所任教，给本科生与研究生讲授“马克思主义基本原理”“国外马克思主义研究”课程，完成了从学生到老师的角色转变。

2019 年，我申请到了教育部人文社会科学青年基金项目“普兰查斯的政治哲学研究”(19YJC710101)，本书即为该项目的最终研究成果。同时，本书也得到了大连理工大学马克思主义学院马克思主义理论名家青年团队项目的资助与支持。在本书付梓之际，我仿佛又回到了本书的起点——博士论文时期的岁月里，以及之后弥足珍贵而又难忘的研究时光，感激之情涌上心头。

首先，我要感谢北京师范大学哲学学院，感谢辛勤培育过我的老师们。感谢我的博士生导师杨耕教授，能够求学于学界名师是我人生道路上的重要转折，老师从博士论文选题一直到本书出版倾注了大量的心血，数年来对我的关怀照顾无微不至，可惜学生不才，未能达到老师的期望值，我为自己的术业不精感到愧疚，唯有在日后的工作中用勤奋努力来报答师恩。感谢我的硕士生导师吴向东教授，硕士与博士期间，老师不断鼓励与鞭策我，无论是论文写作还是课题申请，可谓言传身教，特别是在我硕士毕业工作后支持我重新回到校园完成梦想，老师的为人为学都深深地影响着我。能够在二位名师门下求学，至今仍感觉自己无比幸运。感谢兰久富教授对我的学术指导以及生活上的关照，求学时对我帮助的点点滴滴如同发生在昨日，难以忘怀。感谢罗松涛教授对本书的意见与鼓励，当我迷茫时总能够找到前进的指引。感谢周凡教授让我时刻对学术前沿与创新保持兴趣。感谢鲁克俭教授、胡敏中教授对写作所提出的宝贵意见。如今虽然我已离开北京师范大学，然而母校“学为人师，行为世范”校训的内在精神和品格却深深地烙印在我的心里。

其次，我要感谢我所在单位大连理工大学马克思主义学院。感谢学院为青年教师成长营造了良好的环境，感谢学院同事们，特别是马克思主义基本原理研究所诸位老师对我的真诚鼓励与无私帮助。感谢洪晓楠教授、杨慧民教授、郭忠义教授、王娜副教授对本书出版所给予的大力支持。感谢我的硕士生王冬阳对本书的文献核对。感谢在任教几年来通过上课、开会以及从事行政工作有缘结识的同学们，你们使我深感当老师的幸福与责任。

再次，我要感谢一路走来帮助并陪伴我的师友们。感谢宾夕法尼亚大学的布雷克曼教授对我选题的悉心指导，在美国留学期间有幸在宾大历史系见识了诸多国际知名学者，极大地拓宽了自己的学术视野与沟通能力，是宾大让我圆了自己多年的“常春藤”梦。感谢田立鹏师妹、李真师妹为我申报北京师范大学优秀博士论文所提供的帮助和支持，感谢王校楠博士对本书修改提供的帮助以及一直以来对我工作、学习和生活的鼓励，感谢李成家博士为本书从北京大学图书馆里寻找到珍贵的资料。此外，我还要真诚感谢山东大学出版社谭学秋先生的辛勤付出，感谢北京师范大学出版社饶涛、刘溪二位师兄提供的宝贵意见，感谢大连市图书馆付晓女士的支持与帮助。

最后，我要感谢我的父母亲人，是你们在背后的无私奉献与无言支持使本书的写作最终顺利完成，是你们让我懂得学以成人。哲学成为我的生活，生活成为我的哲学。

张　超
2021 年 5 月